口才高手

丁文飞　商宁◎编著

新疆文化出版社

图书在版编目（CIP）数据

口才高手 / 丁文飞, 商宁编著. -- 乌鲁木齐 : 新
疆文化出版社, 2025. 5. -- ISBN 978-7-5694-4939-6

Ⅰ. H019-49

中国国家版本馆CIP数据核字第20255YC421号

口才高手

编 著 / 丁文飞　商宁

策　划	张　翼	封面设计	天下书装
责任编辑	张启明	责任印制	铁　宇
版式设计	摆渡者文化		

出版发行　　新疆文化出版社有限责任公司
地　　址　　乌鲁木齐市沙依巴克区克拉玛依西街1100号（邮编：830091）
印　　刷　　三河市嵩川印刷有限公司
开　　本　　710mm×1000mm　1/16
印　　张　　8
字　　数　　90千字
版　　次　　2025年5月第1版
印　　次　　2025年5月第1次印刷
书　　号　　ISBN 978-7-5694-4939-6
定　　价　　59.00元

前言

塑造"高言值"，成就魅力口才

人们天天都在说话，却不一定能把话说好。什么叫会说话呢？其实就是把话说具体，精致、巧妙，符合时机。不管什么场合什么人，都能游刃有余地讲出恰当的话，这就是一种好口才的体现！

在人生的舞台上，我们每个人都是独一无二的演员，而口才则是我们最重要的表演工具之一。无论是在生活中的日常交往，还是在职场上的激烈竞争，良好的口才都是我们展示自我、赢得他人尊重和信任的关键。它不仅能帮助我们更好地表达自己，还能让我们在人际交往中左右逢源，甚至在某些关键时刻，起到力挽狂澜的作用。好口才是人生一大资本，它能使经商者顾客盈门，财通三江；好口才也能使我们的家庭其乐融融，事业蒸蒸日上。

我们每一天都不可避免地接触到不同的人，需要和他们说话和沟通。我们会发现，一个拥有好口才的人，往往能够在短时间内建立起良好的人际关系，赢得他人的好感和支持。他们的话语如同春风拂面，能够化解矛盾，拉近人与人之间的距离。而相反，一个口才欠佳的人，可能会在人际交往中屡屡受挫，甚至因为表达不当而引发不必要的误会和冲突。可见，把话说好是一件很重要的事情。

明朝大学士解缙以机敏善辩著称，其语言艺术常令帝王赞叹。明成祖朱棣曾命解缙为新建宫殿题写匾额，解缙挥毫写下"天子重英豪"五字。朱棣细观后皱眉道："'豪'字少了一横，是否为笔误？"在场官员皆屏息垂首，唯见解缙从容答道："陛下明察秋毫，此非笔误。'豪'字去横，暗合'天下英才尽入吾彀'之意——帝王胸怀四海，岂需以笔墨困束贤才？"朱棣闻言抚掌大笑，群臣亦叹服其急智。后有人问解缙是否当真漏笔，他坦言："帝王面前，纠错易损威严，化误为喻方显智慧。"

瞧，一句话让人进退两难；一句话又让人豁然开朗。语言的魅力就是如此，一个好的口才如同劈山开路的利器，给我们带来无限的生机和机会！

因此，提升口才，对于每个人来说都至关重要。它不仅能够提升我们的个人魅力，还能让我们在生活和工作中更加得心应手。本书的目的，就是帮助大家认识到口才的重要性，并提供一系列实用的方法和技巧，帮助大家提升口才，让每个人的话语都能像金子一样闪闪发光，价值百万。

目　录

第一章

你的口才，价值百万

第二章

好口才，需要好心态

第三章
好口才有技巧

第四章
通向好口才的障碍在哪儿

第五章
好口才应对不同的人

第六章
好口才也要找到好时机

第一章

你的口才，价值百万

为什么说口才价值百万呢?

我们举个简单的例子,当一个机会出现在你面前时,你有很多想法却不知道如何组织语言把它表达出来。此时,你是不是感觉到危机,觉得可能会失去这个机会?而如果组织好语言,拿出勇气,说服自己去迎取这个机会,很可能会是另一番光景,或许你得到的就是一笔价值百万的订单,也许从此打开人生新局面。

可见,口才的价值何止百万,很可能影响我们的一生!

一、 生活中的好口才价值何在

侃侃而谈是很多家长对自己孩子的要求,因为在长期的生活和工作中,成年人已经感受到口才的好处,所以才这么期望孩子。

好口才,既是机遇也是挑战,许多人面对这种情况都会脸红紧张,不知道说什么或者表达错误,或口才生涩造成表达欠缺不完整,沟通和交往陷入尴尬境地,机会也就一闪而逝。

那么,好口才在生活中都有哪些价值呢?

(一)好口才让我们的表达更流畅

不管一个人多么聪颖,接受过怎样的教育,穿着怎样漂亮的衣服,甚至于他拥有多么雄厚的资产,如果不能流畅地表达自己的思想,那么就无法真正实现自己的人生价值。或者说,不能很顺畅地实现。

流畅的表达能给我们带来怎样的好处呢?

1. 流畅的沟通能帮助我们更好地立足社会

人是群体生物，都要在社会中立足。流畅的表达能让我们说出内心所想，在人生旅途中处处顺心；能够使我们在紧要关头化险为夷，在社交中事事如意，在商战中左右逢源。

2. 流畅的沟通能让我们很好地说服他人

当遇到一些合作项目，需要与人谈判的时候，流畅的沟通能够使我们迅速说服他人，从而赢得与他人宝贵的合作机遇；其能够使我们受到上司的重视，得到同辈的尊重和赢得下级的拥戴，从而让我们事业锦上添花，一帆风顺。

（二）好口才是一个人综合素质的体现

具体在实践中，除拥有流畅地沟通和说服他人的能力外，还需要一点勇于沟通的勇气，以及在不同场合使用不同方式的表达，这些是一个人综合素质的表现。

1. 什么时候直言不讳？

直言不讳指的是直接表达，当一个人或团体在表达自己的想法或感受时，不隐瞒、避讳，不用过多语言修饰，而是直接、明确地表达出来，所以，直言不讳有时候会让人下不了台，这就需要我们把握好直言不讳的时机。

在有些场合下，直言不讳会比拐弯抹角更能取得好的效果。比如遇到一位愿意倾听忠言的领导或者朋友时。

在唐太宗的治理下，唐朝国力日渐强盛，唐太宗就想前往泰山封禅。魏征劝谏道："如今有一个人，患病十年，经过治疗将要痊愈。

此人瘦得皮包骨头，却想要让他背着一石米，一天走上一百里路，肯定做不到。隋朝末年社会动乱，不止是十年的时间，陛下作为天下良医，百姓的疾苦虽然已经解除，但还不很富裕。陛下却要祭祀天地，报告大功完成，我觉得不是时候呀。"魏征的直言不讳最终说服了唐太宗，体现了他的智慧和勇气。

2. 什么时候据理力争。

（1）在面对不公平待遇时，比如在工作或生活中，被错误地指责或处罚，据理力争可以帮你澄清事实，维护自己的名誉和权益。

（2）在重要的司法案件中：在法庭上，充分准备证据和辩护材料，清晰陈述自己的观点，对对方证据进行质证，合理利用法律程序和规则，是据理力争的重要方式。

据理力争不仅是一种维护自身权益的行为，更是一种积极的生活态度。通过据理力争，我们可以促进社会的公平正义，提升个人的社会地位和尊严。同时，据理力争也需要合适的时机和方式，避免无谓的争执和冲突。

（三）好口才可以帮助我们拉近人际关系

言语得体、幽默风趣的人更容易受到欢迎和喜爱。良好的口才可以拉近人与人之间的距离，促进人际关系和谐。

在一次演出中，相声演员冯×调侃自己的年龄说："岁月不饶人啊，我年轻时，村里的大姑娘小媳妇都抢着要我，现在啊，村里的狗见了我都摇尾巴！"这话一出，台下观众立刻被逗乐了。冯×用这种自嘲的方式，既得体地表达了自己对岁月的感慨，又展现了高超的语言艺术。他的幽默不仅让人捧腹大笑，更在笑声中传递出一种乐观、豁达的生活态度，让人感受到温暖和智慧。

（四）提升事业发展

在工作环境中，口才好的人能够更好地展示自己的能力和价值。在演讲和谈判等场合中，出色的口才能够留下深刻印象，增加成功的机会。

在影视界，很多演员都是凭借自己的口才引起观众的关注，并在事业上突飞猛进的，比如张××。2014年，张××在央视春晚上表现出色，频频挑动观众笑点，令人捧腹大笑。此外，他还出席了"把乐带回家2014"暨"百事快乐送"启动新闻发布会，对记者的提问回答妙语连珠。他幽默地调侃自己和导演冯××的友情，借助他来避开敏感话题。

（五）提升生活品质

良好的口才不仅在工作和社交场合中大放异彩，在日常生活中也能带来便利，能够更加清晰地表达自己的需求，解决问题，提升生活品质。这一点毋庸置疑，生活中的例子比比皆是，那些表达能力强的人，哪个人的生活品质差呢？

二、好口才给我们带来巨大能量

一个好的口才除了给我们带来生活中的价值之外，它对于我们自身的提高也是大有帮助的。我们会慢慢发现，当自己的口才在提升时，自身的能量也在增强！

（一）好口才能提升自信心

提升自信心是口才所赋予的重要力量之一。口才好的人往往更自信，因为他们能够清晰、有效地表达自己的观点。这种自信不仅体现在言语上，还会影响自身整体的气质和行为，使他们在人群中更加突出。

为什么口才好可以提升自信心呢？

这是因为口才的培养过程实际上是一个学习和思考的过程，例如准备演讲或讨论时，需要查阅资料、整理思路，不仅丰富知识，还能锻炼逻辑思维能力。当一个人的这些能力得到提升的时候，自然自信心就来了！

李雪健以在电影《焦裕禄》中的出色表演荣获百花奖后，他在颁奖舞台上以谦逊而真挚的言辞表达了自己的感慨："苦和累都让一个好人焦裕禄受了，名和利都让一个傻小子李雪健得了。"这句话不仅体现了李雪健对角色焦裕禄的深刻理解与敬意，也透露出他个人的谦逊品质。他深知自己所获得的赞誉与奖项，都是基于对焦裕禄这一角色的成功诠释。

李雪健的回答，令人动容，也让我们看到了他强烈的自信和内在。

（二）好口才拓展视野和知识

谁的好口才也不是天生的。有知识含量的语言，才是最有说服力的，因此在训练自己好口才的同时，需要大量翻阅相关知识。比如广泛阅读和学习不同领域的知识，与不同的人交往，了解不同行业的特点，以及一些必要的生活经历等等。

以上这些都有助于我们拓展视野，丰富知识储备，成为博学多才之人。

（三）好口才培养思维能力

在掌握了大量相关知识信息后，我们的大脑会对这些信息进行处理和分析，这个过程中，思维能力自然得到提升。口才的训练涉及思维的组织、逻辑推理和语言运用。通过不断的练习，能够有效提升思维能力，增强逻辑性和创造性。

巴黎奥运会女子网球单打冠军郑钦文，通过自己在赛场内外的卓越表现，征服了无数国人的心。

在赛场上，郑钦文展现出了超乎寻常的冷静和坚韧。她能够迅速分析对手的特点和战术，并在比赛中灵活调整自己的策略。这种快速决策和应对挑战的能力，正是她思维能力提升的直接体现。在奥运会半决赛中，她面对当今女子网坛红土王者斯瓦泰克，凭借出色的战术运用和坚韧不拔的精神，最终成功击败对手。

在赛后采访中，郑钦文也展现出了出色的口才和表达能力。她能够用精炼而富有感染力的语言，总结比赛经验，分享自己的感受和成长历程。这种表达能力不仅让她更好地展现了自己的思想，也让她在公众面前树立了积极、正面的形象。更重要的是，通过不断的思考和表达，她的思维能力得到了进一步的锻炼和提升。这些能力的提升不仅让她在网球赛场上取得了骄人的成就，也让她在人生道路上更加自信和坚定。

（四）增强领导能力

优秀的口才能够提升个人魅力和领导气质，有效激励和鼓舞团队，带领团队走向成功。

张先生为了提升口才，读了很多有关的书，把它应用到工作中，收到了良好的效果，尤其和同事的沟通更加顺畅，关系也比从前要好很多。

一次过节，公司发了四种过节礼物，而张先生这组的组长恰好不在。领导问："你们谁负责发过节礼物呀？"张先生立刻举手说："我来！"领导提示道："这些礼物各不同，不能平均分，你看着处理下，别让大家有意见。"

张先生提议大家做游戏，他写了一些卡片，让大家去完成不同的任务，任务完成后得到相对应的奖励，正好将礼物分完了，大家觉得特别有意思。这件事也给领导留下了深刻的印象。不久，张先生就被提升为总监。

（五）好口才让我们的内心更健康

良好的口才有助于在面对问题时更冷静、更有效地分析问题，提出解决方案，并促进与他人合作解决问题。这个过程中，个人修养和素质得到很好的提升，良好的沟通能够让自己更好地表达情感和需求，减少内心的压抑和焦虑，保持健康积极的心理状态。

三、好口才，在公关中至关重要

每个人都会说话，但并不是所有人都能将话说的漂亮。那些最会说话的人往往头脑清楚、善于表达，为人处世也左右逢源，如鱼得水。

口才在公关工作中尤为重要，它如同一把神奇的钥匙，能够打开通往人心的大门。拥有它，你可以使自己的语言更有深度，增强说话的魅力，让自己变得更有吸引力。同时，还可以让你出口成章、巧于辞令，让周围的人对你口服心服。

（一）为什么要把话讲好

在过去，我们信奉"轻言重行"的说法，认为"君子敏于行而讷于言"，但这在公关中却并不适用。

智能手机、自媒体的出现对我们的语言表达能力提出了更高的要求，如果缺乏一定的语言表达能力，人类将难以适应这种快速发展的信息社会生活，更何况是在公关领域中呢？社会要求人们不只是个会"默默"耕耘的小黄牛，还需要成为一个能说会道的百灵鸟。

（二）把握好公关中的讲话内容

公关口才和普通的口才不同，所谓公关口才是能够体现公关精神、遵循公关原则、取得良好公关效果的语言表达。想要拥有良好的公关应用口才，必须遵循公共关系的原则，体现公共关系的精神，服务于公共关系既定目标与任务。

1. 畅通的信息渠道与有效的传播沟通

公关主体及其行为对公众的影响，就是依靠沟通传播这一媒介来实现的。确保信息渠道的畅通无阻，本身就是公关精神的一种体现，因此，畅通信息渠道构成了公关口才最基本且最重要的功能。特别是在信息沟通遭遇障碍的情境下，公关口才的这一功能就显得尤为突出和重要。

2. 人文关怀是公关主体

任何一个组织都必须在公关工作和公关活动中真正树立和贯彻"以人为本"的思想理念，尊重公众、关心公众、善待公众。因为公关口才的具体实践本质上就是与公众的面对面的信息交流，向公众传达对他们的关心和爱护，进而协调、融洽人际关系。

3. 公关工作就是协调人际关系

良好的公众关系能够增进人际关系的融洽度，而人际关系的融洽又反过来促进公众关系的和谐。因此，作为公关活动中有效的说话才能——公关口才，自然也就具备了融洽人际关系的功能。

4. 维护组织形象

塑造、维护、提升组织的良好形象，是公共关系活动的基本要义，也是公关的核心任务。而公关口才，则是承担和完成这项任务中使用最频繁、效果最直接的工具和手段。尤其在事关组织形象的关键时刻，无论是慷慨陈词、从容应对，还是义正词严、据理力争，都要靠公关口才的巧妙运用。

（三）公关口才的培养需要怎样的综合素质

公关口才的作用体现在公关活动之中。

一个口才好的公关员，不但要具备广博的知识，能够言之有物、旁征博引、有理有据，而且要有敏锐的观察能力，合乎逻辑的推理，还必须具有良好的应变能力和风趣幽默的能力。

要想拥有上述能力，首先必须培养自己的德、才、学、识，这也是公关口才必备的四大基本要素。

1. "德"是公关口才的灵魂

这里的"德"，包括政治道德、伦理道德和个性心理品质。

政治道德能够规范调节、调整人们的政治关系及政治行为，成为社会舆论评估人们政治行为的道德标准。良好的政治道德情操将使公关员在面临任何难题时都能临危不乱，增强公信力，并促进团队合作。

伦理道德是一个社会或家庭存在与和谐发展的基石，是大家共同接受和维持的，用以规范自身和他人的基本原则、规范。没有伦理道德，社会就失去了稳定的基础，就将形成贪欲横流、勾心斗角的混乱局面。伦理道德也是公关员不可或缺的品质，它能增强说服力，提升个人及组织形象。

个性心理品质关乎个体的性格特征、心理素质以及行为方式。一个拥有健康个性心理品质的公关人员，往往能够更好地理解他人、控制情绪、保持积极心态，从而在公关活动中展现出更加专业与高效的能力。

因此，公关员要有意识培养自己正确的"德"的观念，并在演讲或谈话时传达给受众。

2. "才"是公关口才的核心

这里的"才"，不仅是拥有好口才，还要求公关员拥有记忆才能、观察才能、思维才能、想象才能、创新才能和应变才能等综合才能。

3. "学"是公关口才的基础

人类任何知识的转化都是建立在知识基础之上的。公关中口才能力发挥的好坏，在于公关员自身知识的多寡程度，只有拥有丰富的知识，才能信手拈来，即兴发挥，出口成章。

4. 预见性是公关口才的"识"

一个公关员要想"语出惊人"，就必须培养自己的预见性，即表现他的"识"。

预见性是吸引听众的重要因素。仅有满腹学问，讲出来的全是陈词滥调，听众多半不会买单，而能够准确预测、判断公众的需求和反应，及时、灵活地调整沟通策略，才能引起听众更大的兴趣。

四、跟着外交官学好口才

"外交官"不只是听上去档次很高，几乎就是"口才精湛"的代名词。被网友称为"中国第一天团"的外交F4，虽然成员个个有颜值、有担当，但高超的语言表达能力更令人刮目相看，也因此在短时间内圈粉无数。

进入21世纪以来，面对国际和地区局势加速演变且日益复杂、全球性挑战层出不穷的现实，中国外交话语在议程选择、表述风格和传播方式上均呈现出令人欣喜的变化，频频出现的"外交金句"背后，展现出的不仅是中国外交从容的力度和气度，更有充满自信的温度和风度。

虽然"外交官"的职业身份与我们日常生活存在一定的距离，但是他们的好口才却十分值得我们学习！

（一）面对挑衅，不在意

生活和工作中，可能我们会遇到各种挑衅，这无疑会影响我们的心情，若想选择与之对抗，不如看看中国外交官们是如何做的吧！

北京冬奥会举行前，就有各种声音传来。其中有国家宣称：不会派政府官员出席北京冬奥会。

对此，时任外交部发言人汪文斌表示，冬奥会不是政治作秀和搞政治操弄的舞台。如有些国家出于政治私利作秀炒作，对北京成功举办冬奥会不会有任何影响。

这种不在意、无所谓的态度，直接让对方的拳头打在海绵上！

（二）面对非议，不关注

比如当你在好好工作时，偏偏有人诽谤你。真是大为光火！

举一个国家大事的例子。中国在平稳发展中，偏偏有一些国家炒作、编造谎言，企图破坏中国稳定、遏制中国发展。时任外交部发言人巧妙地引用了李白古诗《早发白帝城》中的一句作为回应："两岸猿声啼不住，轻舟已过万重山。"

真是有力的回击，你只管说，我们依旧好好地发展中！

如此，生活中的各种声音、猜测或非议，和国家大事比起来算得了什么吗？我们管不了别人的嘴，还管不了自己吗？自己努力前行就好了。让他在原地随便说吧！

（三）面对不赞同，依然发声

有时你明明做的很好，可是偏偏有人出来以评论者身份给你评个名次。对此你很郁闷，明明自己做的比第一名都好，那怎么办呢？他出于什么身份可以如此评论呢？尤其那个可笑的把自己评第一名的人？

明嘉靖年间，江南文坛评选"八大家"，主事官员徐阶硬捧侄子徐璠为"诗魁"，却把平民才子归有光的经典散文《项脊轩志》贬为

"粗俗之作"。归有光不服，直接在苏州沧浪亭摆出"文擂"，将徐璠的诗和自己的文章挂在一起对比，还写下一副对联讽刺："画眉深浅入时无？自有春秋笔如刀！"暗引欧阳修《朋党论》"君子与君子以同道为朋"之句，又借《史记·伯夷列传》"举世混浊，清士乃见"的典故自证风骨。

读书人争相围观，纷纷感叹："徐诗雕虫技，归文泣鬼神！"没过多久，南京国子监的主考官王世贞亲自来评理，提笔在榜单上改写："沧浪之水清兮，可以濯冠缨。"徐璠羞得连夜逃走，归有光的文章从此名震江南。百姓感叹："吵架不如写文章，写文章不如凭真心啊！

（四）面对无端指责，要立刻反击

面对别人的无端指责，你还在那默默流泪不知道如何反击吗？别怕，直接冲他喊一句："一派胡言！"

面对某国副总统对中国内政的无端指责，中国外交部长王毅说："一派胡言！"

怎么？就许你张口就来？我也会！

先给你一顶"一派胡言"的帽子戴上，剩下的辣酒你就等着我慢慢来酿吧！够你喝一大壶的！

（五）面对有目标的询问，给他一个思考打愣的空间，再反问他一句

有时，别人有目标、有针对性地询问是出于某种目的，比如想让你回答一些他们想要的答案。此时你会进入他的圈套吗？

有一次，中国外交官面对路透社的记者就说了一句"行有不得，

反求诸己"的古语。

当然，记者当时就愣住了，中国外交官接着追问："知道什么意思吗？"

"行什么得？反什么己？"

看着一脸茫然的美方记者，读者也忍不住发笑吧？

这句话出自《孟子·离娄上》。

含义是：事情做不成功，遇到了挫折和困难，就要自我反省，从自己身上找原因。

瞧，引经据典式反击也真是绝了！直接打得外媒措手不及。

在外交上，中国的外交官再也不是"沉默的羔羊"了，他们言辞犀利的发言风格，让世界为之汗颜，也值得我们学习！

第二章
好口才，需要好心态

是将内心的汹涌澎湃化作经典而凝练的话语，还是内心如万马奔腾般激荡，临近唇边却无以言表？你怎么选？

事实上，好口才还需要一个好的心态。平稳的心态，能让我们在慌乱中梳理好自己的语言，然后脱口而出，为自己赢得先机！

一、开口前，先微笑，自信从内传到外

当我们行驶到高速路口，看到高速路入口的收费员对我们会心一笑，我们会觉得内心一暖。虽然马上就要扫码付费了，但是心里却对付款行为并不那么排斥了，甚至心甘情愿。这就是微笑传递给我们的力量！

生活中的我们要像高速路收费员一样，张嘴之前先微笑，你会觉得自信从内到外在传播。

（一）微笑，可以拉近彼此的距离

微笑是沟通的桥梁，也是拉近人与人距离的一根线。没有微笑的世界是灰色的，让人有一种朦胧、忧郁的感觉，但是有微笑的世界是五彩斑斓的，彩色的世界会让人觉得每一天都是美好的。

小李不知道说错了什么话，让朋友对他有了芥蒂之心。

那天晚上，小李坐在朋友的旁边，忽然有一种可怕的感觉涌上心头：我的好朋友为什么会让我感到如此陌生呢？为什么这段时间里我们两个人的距离越来越远呢？

想到这里，小李有点伤心。但是，过了一会儿，小李调整好自己，微笑着说："你看我俩就像做了个游戏，现在是不是要结束表情僵尸模式啦？"朋友看了小李一眼，"噗嗤"一声也笑了出来。顿时，他俩的距离又近了！

（二）微笑的力量是强大的

《人性》这本书中，有这样一段话："微笑是疲惫者的港湾，失望者的信心，悲哀者的阳光，又是大自然解除患难的妙方。"

微笑的力量真的有这么强大吗？

《人性》作者在某次宴会上，遇到一位继承了一大笔遗产的贵妇。这位贵妇穿着昂贵的貂皮，戴着珍珠、钻石，贵气逼人的样子应该会给别人留下好的印象，可是那位贵妇的表情却是刻薄和自私的，这就让人望而生畏了。

人们会对面带微笑的人保持善意，但是人们却不会对神情冷漠、表情刻薄阴险的人产生善意，甚至还会产生强烈的提防心理，害怕自己被对方拒绝或算计。所以，若想经营好自己的人生，在人际交往之中，要懂得微笑交流。

（三）发自真心的微笑最重要

再回到高速路收费员，如果他不是发自内心地微笑，而出于工作需求的迫使，那么硬挤出来的笑看上去该是多么尴尬啊！

微笑交流并非是我们想象的那么简单，不是只要保持微笑就够了，还需要我们发自真心。

相信不少朋友看过《突围》这部电视剧，石红杏经常会对齐本安露出微笑的神情，你认为那种神情是发自真心的吗？我想大多数朋友会觉得只有石红杏面对林满江的时候，露出的微笑神情是真诚的吧。

在人际交往中，眼睛与面部的细微表情往往是人们难以自主控制的。因此，当我们试图通过刻意营造的微笑来与他人交流时，这种不自然的表情很容易被对方敏锐地捕捉到。这样的行为可能会让对方产生不信任感，认为我们缺乏真诚，甚至怀疑我们心机深沉。

（四）假如你生气了该怎么做

假如你生气了最好悄悄躲起来，因为你生气的脸会让对方看到，从而产生一定的误解。

丈夫做错了某件事，让妻子特别生气，假如妻子愤怒地对待丈夫，试想一下，夫妻之间的感情会不会因此受到影响？

假如你是这位丈夫，你的妻子经常叨唠你，你感觉特别不耐烦，严厉斥责你的妻子，会不会引起妻子的痛恨？

夫妻之间的矛盾，往往都是狰狞丑陋的神色，加上恶毒的言语造成的。所以，若想经营好自己的婚姻，无论你多么生气，都要对爱人保持微笑。

夫妻之间尚且如此，其他的关系也是这样！

你的微笑能够治愈他人的怨恨与抱怨，让对方有火发不出来，你若能够再委婉地表达自己的不愿意，顺带夸赞对方一番，我想你与他人不仅不会发生冲突，还能增添对方对你的爱意。

如此，开口前先微笑，其实就是学会控制自己的情绪，在关键时候保持微笑，就能够把大部分潜在的问题消解于无形。

由于你的微笑让你保持了自己的真诚形象，你的同事也会越来越信任你，把你当成真正的朋友，往后你遇到什么样的困难，他都会尽可能地帮你一把。

微笑沟通，是经营人生的秘诀，就好比一位学者所说的："微笑可以解决问题，这是一个真理，任何有经验的成功商人都会明白。"

二、亲切随和的态度，让人通身舒畅

沟通也需要随和的态度吗？那是自然了，有时一个友好的表情，一份温暖的问候，能带给对方无限的力量和可能。随和的人通常表现出温和友善的特点，容易与人相处。自然，对日常社交也有很重要的促进作用：

（一）随和的态度，能带给人较强的社交能力

随和的人通常具有较强的社交能力，他们善于处理人际关系，懂得如何与他人建立良好的关系。

因为随和，他们考虑的就比他人多一些，尊重他人的意见，因此在人际交往中容易得到他人的尊重和信任。

一位老师在严厉批评一位同学，因为他上课睡觉。老师大声训斥，询问原因，这位同学闭口不言。班主任看到后，先将这名老师安抚，后将同学带走。看到同学不说，也没有强迫他，而是悄悄走访了他家。了解到同学家庭的实际困难，父亲刚刚去世，母亲神志不清，他每天

放学后都带着母亲去做零工，一是消耗母亲的精力，让她白天不闹，二是为家里赚点钱。

班主任知道后，开始实施悄悄帮助这位同学的计划。这同学的自尊心比较强，要求班主任保密。班主任便暗中默默帮助他。终于，这位同学被感动了，他开始改变方法好好学习，后来成绩取得了突破，成功挤进班里前几名。

这就是随和的力量，它能化解冲突，温暖人心，激发潜能，促进理解与成长，是人际交往中不可或缺的润滑剂与桥梁。

（二）随和让人不过于激烈和冷漠

不过于激烈和冷漠，对任何事情都能冷静地思考，并作出正确的判断。这种人往往能够给人带来舒适感，使人愿意与之交往。

还是上面那位同学的故事。

如果都像第一位老师一样，一看到同学上课睡觉，便怒气冲冲，不了解情况便严厉批评，那么这名自尊心极强的同学内心只会更加叛逆，不愿意沟通。老师虽然出于一片好心，却将事情越处理越糟糕。

而班主任老师了解情况后进行有针对性的帮助，反而带来好的效果，也促使同学和老师之间的关系更加紧密。

（三）随和的人往往有较大的包容心

随和的人不会固执己见，也不会轻易发脾气或产生敌意。这种性格的人往往能够接纳不同的意见和观点，对于他人的缺点和错误也能够给予适当的包容和理解。

同样是同学上课睡觉，甚至是同一个孩子，不同的老师包容度不同，处理方式也不尽相同。生活中类似的情况更是比比皆是，比如同样是上班迟到，可能会遭遇领导截然不同的态度；同样是打车出行，会碰到司机各异的待人方式；同样是购物消费，也会遇到售货员不同的服务态度。这些虽然不足以颠覆我们的生活，但是好的态度、随和的性格，自然可以让对方更轻松，也能为自己带来更好的沟通体验。

（四）随和能帮助我们沟通矛盾

随和的人在处理矛盾和冲突时，往往能够保持冷静和客观，采取合理的方式解决问题。他们善于协调各方面的利益，使矛盾得到妥善解决，恢复和谐的关系。

这次公司没有给小马升职，这是出乎意料的。老板曾经答应过小马，下次升职一定给小马机会。为此，小马还特意从家乡带来很多特产送给领导，这本来是板上钉钉的事情，但为什么会如此呢？

经过深思熟虑，小马决定找领导谈谈。

同事知道这件事后，问小马："你是怀疑同事背后说你的坏话？还是觉得领导给你小鞋穿？"

小马听后微微一笑："都不是，我想知道自己哪里做得不好，以便改进。"

面对同事的询问，小马并没有直接反驳，而是给了一个随和的回答。公司没能给你机会晋升，或许领导或老板的眼光真的不怎么样，或许当时领导只是随口一说，还或许是恰好找到了更合适的人选。但是，你不能把这种想法传递给你的同事，因为一旦你说了，哪怕你的同事不告密，也会对你产生别样的看法，不再像之前对你那么热情。

一个人的价值关键在于对待事物的态度，无论遇到什么不公的事情，只要你能够保持真诚的微笑、随和的态度，就能够提升自己在对方心目中的价值。

随和的人通常表现出温和、平易近人的性格特点，这种性格使他们与人相处时更加融洽，也更容易得到他人的尊重和信任。随和的性格是一种优秀的品质，有助于个人在人际交往中取得成功。

三、语气温婉舒服，是好心态的最好表达

一个人拥有好口才，你会发现不仅这个人的说话内容你很喜欢，良好的语气也会让你更加愿意倾听！

让语气委婉的关键在于使用温和的语气和措辞，避免直接攻击或伤害对方的感情。通过肯定对方的优点和努力，再提出建议或批评，可以有效地减少冲突，增进沟通的效果。

委婉的语气，具体来说，可以采用以下几种方法：

（一）表达意见时避免使用攻击性语言

在我们表达自己意见的时候，有时太直白地直接讲出来会让对方感觉到攻击性。这个时候就要学会委婉地绕开，沟通时避免出现这种情况。

单位领导让同事之间互相评价，通知一发出来就收到各种抱怨之声。道理都懂，都说好话肯定不现实，但缺点如果说不好就会有攻击

他人之嫌。

怎么办呢？

一向说话委婉的小李对此也犯愁了，他认真思考了一下：现在这位领导是新上任的，眼看年终考核要来了。领导要了解每位员工的情况不那么简单，通过互评，领导对大家的工作可以更多地了解一些，而且互评可能在某种程度上不会出现差错。

职场中，每一个员工是否敏感地感知到老板的意图，实际上是对其情商的一种考验。

想到这里，小李组织了一下自己的语言："平时我很少说话，和同事之间沟通也少，有一次我负责一个项目，和大家有一些合作，通过这次合作，我来总结下和我合作过的同志的优缺点。"开篇第一句就表明，自己平时工作很少说话，比较珍惜工作时间；接着说自己负责过一个项目，说明自己是有一定的组织能力的。通过活动来感受同志的优缺点，不仅有事实依据，同时还表达了自己的观察力。小李的发言表面是在讲同事，其实也在说自己。

接下来的内容，小李只要表达到位，便是能给领导留下深刻印象。而这个沟通过程中，并没有让人觉得犀利，只有委婉。

（二）在提出批评或建议前，先肯定对方的优点和努力，再委婉地指出不足之处

每个人都有优点，都喜欢听到赞美之声。但是生活中，一些合理的批评对这个人是有帮助的。那么，在我们提出批评和建议时，委婉的语气可以提升我们的人际关系。

"今年最流行的颜色是宝蓝色，瞧，这颜色多提气啊！"一见面，小丽便开始对自己宝蓝色的发夹赞不绝口。

"我也喜欢这颜色。"小琴说。

"哎呀，你戴着可不行，你皮肤太黑了，恐怕戴着不好看。"小琴身边的朋友直接否定了她。

小丽爽快地拿下发夹："你试试吧，说不定也好看呢！"小丽说着就将发夹戴到小琴头上："哇！真好看！还别说，这颜色真提气！"

"真的好看吗？"小琴问。

"好看，好看，你再配一款同色毛衣更好看！"小丽说。

"我以为我这种黑皮肤的人，不适合亮色呢，没有想到效果也不错。"小琴满足地回复。

在这段对话中，小丽一开始为自己的亮蓝色发夹赞不绝口，后来小琴的朋友在否定了小琴后，小丽并没有随声附和，而是让对方试试，通过尝试发现，这个颜色也很适合小琴。这种方式不仅拉近了两人的距离，还体现了自己的大气和委婉。

（三）赞美要说细节

有些人觉得只要是赞美之声对方就喜欢听。事实上，有一些赞美听上去不那么自然，反而会显得有点尴尬。

在企业年终总结大会上，同事们都穿着好看的衣服，每个人都比平时多了几分打扮。此时的称赞应该怎样说呢？

"哇，你今天真好看！"一位同事称赞另外一位同事。

"你也是。"他如此回应。

似乎推来推去，谁都没有说什么。

小张就不一样，她说："这件衣服的颜色和款式很适合你，显得很有气质。"

小张赢在夸细节上，通过细节的描述使自己所讲的话有实质性的内容，听上去也更舒服和委婉。

委婉地沟通，归根结底需要我们在与人沟通时在脑子里多斟酌，在回答一些敏感问题时，尽量用含糊、宽泛的语言来回答，避免直接回答对方的具体问题。如果真的想提醒他人不合适的行为，可以选择用委婉的措辞提醒他，而不是在公众场合直接指出，这样会让对方陷入尴尬，很难缓解。

四、把对方放在第一位，用你的内容感动他

在沟通过程中，好口才能让对方内心舒适，感受到尊重和信任，从而也对你增加更多信任。建立起这种信任需要在开口前将对方放在第一位，用你的话语去感动她。

（一）不同的人，不一样的"说"

如何开口前将对方放在第一位呢？

我们与人说话时，一定要判断对方的个性，对方喜欢婉转，就说流利的话；对方喜欢率直，就说直白的话；对方崇尚学问，就说高深的话；对方喜谈琐事，就说浅近的话。

如果说话方式能与对方个性相符，那么彼此自然能一拍即合。

这是发生在英国的一个真实故事。有位孤独的老人，无儿无女，又体弱多病。他决定搬到养老院去。

老人宣布出售他漂亮的住宅，购买者闻讯蜂拥而至。住宅底价8万英镑，但人们很快就将它炒到了10万英镑。价钱还在不断攀升。

老人深陷在沙发里，满目忧郁，是的，要不是健康情形不行，他是不会卖掉这栋陪他度过大半生的住宅的。

一个衣着朴素的青年来到老人眼前，弯下腰，低声说："先生，我也好想买这栋住宅，可我只有1万英镑。可是，如果您把住宅卖给我，我保证会让您依旧生活在这里，和我一起喝茶、读报、散步，天天都快快乐乐的——相信我，我会用整颗心来照顾您！"老人颔首微笑，把住宅以1万英镑的价钱卖给了他。

人有千百种类型，人的处境不同，所追求的主要利益和担忧的主要损害也不同。案例中的老人是因为自己的健康问题不得不考虑离开住宅，其实他的心里并不是真的想离开。青年人抓住了老人的需求，提出合理的建议，自然也就一拍即可。可见，完成梦想，不一定非得要冷酷地厮杀和欺诈。

与聪明的人说话，要依靠旁征博引；与笨拙的人说话，要依靠高谈雄辩；与善辩的人说话，要依靠简明扼要；与高贵的人说话，要依靠恢宏气势；与富有的人说话，要依靠高雅潇洒；与贫穷的人说话，要以利益阐述；与低微的人说话，要依靠谦虚恭敬；与勇猛的人说话，要依靠当机立断；与过激的人说话，要依靠敏锐机智。

我们在与别人进行沟通时要利用其兴奋点激励之，利用其薄弱处引导之。总之，会说话的人在与人交谈时都懂得灵活应变，懂得面对不同地位、不同性格的人采取不同的谈话风格，以适应对方的心理特点，这样就能不碰钉子、不失体面，保证谈话顺畅地继续下去。

（二）模仿对方的习惯用语

当我们对对方非常了解后，就会了解到对方喜欢说的口头语。这些口头语，如果用在和他的沟通中，对方自然就会觉得自己被你关注和信任，你的好口才也便有了更广阔的发挥空间。

有些人喜欢说"无所谓"，或者"太棒了""太背了""很酷""没意思"，等等。还有些口头禅是时尚的流行语，或者是非常具有个人色彩的。不管是什么样的习惯用语，如果你想提升自己的影响力，就可以在和对方说话的时候主动使用它，甚至你可以使用得比对方还要频繁。

这种亲切和亲密的感觉会令对方很惊喜，因为你和对方的习惯用语一样，对方会认为你们俩的观念、性格、生活都比较相近。

（三）识别对方的感官用词

除了习惯用语外，还可以使用重复对方词汇的方法来进行表达。比如在谈话时，对方刚刚说的某个术语、俚语或是口头语，你可以马上把它用在自己要说的话里面，这会让对方感到很亲切。

如果对方的话中经常出现"看上去""观点"等词汇，你可以凭借这些词汇确定对方倾向于视觉型，那么你就可以在以后的谈话中多使用视觉型的词汇，不仅是"看上去""观点"，还可以用其他的视觉型词汇，如"观察""反映"等。

感官用词一般是比较隐蔽的，需要你非常敏锐地去发现。同时，你使用和对方同类型的感官用词，对他所产生的影响也是隐蔽的，对方听你说话会觉得非常顺耳，却说不出为什么。

每个人对使用词汇都有自己的偏好。不同类型的人所习惯使用的感官用词是不同的，对于他的偏好你要在倾听时多多留意。当你发现对方的感官用词偏好后，就可以在你说话时有意识地多使用对方所习惯用的那些词汇类型。

五、讲话留三分，把话题留给对方说

"话到嘴边留三分"，这是一句经典的谚语，意思是说，在说话之前应该先想想，不要急于表态或直接说出自己的想法。真正的好口才，需要把握一个火候。

如果我们能够真正理解并将其应用到日常生活中，就能够避免许多不必要的麻烦，同时也能够建立良好的人际关系，让事情更加顺利。

（一）没把握的话不说

好口才不是想说什么就说什么的，无论是在生活中，还是工作中，经常需要应对别人的咨询。此时，如果你自己也模棱两可，那就千万不要给出准确的回应。

比如朋友让你帮忙推荐电脑或手机；

比如同事询问你某项新的规章；

比如领导问你关于同事的信息……

诸如这些情况，如果你本身并不肯定，最好不要用肯定的语气回答。因为承担结果的并非你自己，如果别人接纳你的说法，却导致不良后果，那你也不得不"背锅"。因此，最好的回答最好加上一句"我觉得""我的理解是""好像是"，从而给自己留下余地。

（二）带情绪的话别说

我们在社会中生活，每天遇到各种事情，这些事情有好有坏，自然也会影响着我们的情绪。当我们处于某种情绪之中时，记住要管好自己的嘴。

小新是一位销售员，他多次将自己的业绩做到小组第一。

公司要求小新做一个汇报。小新说："在销售过程中，我也会遇到客户的故意刁难，但是我告诫自己不要将不良的情绪带到自己后面的语言中，对下一位客户永远是零情绪。"

生活可能让我们陷入各种各样的负面情绪，如愤怒、抱怨，但无论如何，请不要将这些情绪带入谈话中，以免影响别人的情绪，给自己带来不好的后果。

想做到这一点或许很难，因为当我们真正陷入情绪当中，想要再剥离出来往往需要一番功夫。此时，与其对别人恶语相向，不如让自己独处一会，抓紧排解情绪。

有时候，语言暴力给人造成的伤害，往往比行为更加严重，甚至可能影响别人的一生。这并非危言耸听，毕竟现实中有太多这样的事。

（三）自己称赞自己的话少讲

社会竞争非常激烈，如果自己没有"两把刷子"，可能就会被淘汰。正因为如此，有人就喜欢在各种场合表现自己，认为只有锋芒毕露，才能显得才华横溢。

然而，树大招风才是现实，做事锋芒毕露、说话咄咄逼人，通常都会被这个世界所排斥。

小梅是业务骨干，她的技术在科室里数一数二，平时领导对她很重视，很多项目都交给她处理。

这一天，小梅刚完成一个大项目，在接待客户的酒席上，当着领导的面，小梅说："我为这个公司也是尽职尽力了，所有的特长全发挥出来，独当一面，鞠躬尽瘁，相信领导都有目共睹。"

大家都沉默着没有说话。只听小梅说："如今我怀孕了，已经有三个月，也算劳苦功高，希望领导到时候能给我一个长点的假期，我一定会报答公司的。"

沉默中，只听老板说："小梅，咱们公司的骨干挺多的，你怀孕了为什么不早点告诉我呢？我好安排你休息。"

小梅一听着急了："不，领导，我不是这个意思。"

"可是，我是这个意思。"老板的话让大家一片深思。

首先，这是什么场合呢？在座的有客户，也就是公司之外的人！让大家看着领导让一位孕妇忙前忙后，公司难道没人了吗？就只有你特别能干？

很多人喜欢吹嘘自己，以为这样就能帮自己赢得世界的善意，暂且不谈过度吹嘘的话是否会被看穿，即使吹嘘得合情合理，这类话语也会拉开交谈双方的距离，进而引起他人排斥。

人生瞬息万变，今日才华横溢的锋芒，可能在明日斩断自己的前程；今日咄咄逼人的话语，可能在明日将自己逼入绝境。

（四）承诺可以有，但是不要轻易说

拥有好口才的人，不会轻易留下自己的承诺，因为他懂得，一个人能否得到这个世界的认可，很多时候就在于他对于承诺的践行。

如果敢承诺、能践行，那自然可以被人们信任。因此，我们在作出承诺时，一定要经过深思熟虑说出去的话。

小泉对小井说："我要离开这个公司。我恨这个公司！"

小井建议道："我举双手赞成你报复！这破公司一定要给它点颜色看看。"

小泉说："我承诺离开这家公司后，肯定能立马找到一个更好的公司！"

可是后来，小泉的职场生活并没有那么顺利，他好久也没找到一家公司，更别说更好的公司了！

请常提醒自己：切忌盲目承诺，以免最后未能践行，让别人失望，也让自己失信，甚至可能造成切实的损失。

当我们掌握说话的技巧，我们就能够更加自信地面对各种场合和挑战。而这种自信和魅力也会让我们更受他人的欢迎和尊重，为我们在职场和社交场合中的发展带来更多机会和可能。

六、将优越感留给对方，让对方敞开心扉

人际交往是一件很神奇的事情，不同的人说话，结果大有不同，有人一张嘴就让人喜欢，有人一张嘴就让人讨厌，有的人通过这张嘴人缘越来越好，有的人却越来越差。

（一）为什么有人一张嘴就喜欢打压别人呢

那些一张嘴就喜欢打压别人的人，往往有以下心理特点：

1. 虚荣：他们会觉得把你夸得优秀了，会显得自己无能，只有把你贬低得一无是处，才能显示出自己的能力和高位。

2. 自卑：他们需要靠打压别人来满足自己的自尊，这样的人，表面看起来强势，优越，其实他们内心极度自卑懦弱。而打压别人不仅能让自己相信自己厉害，还能唬住别人。

（二）没人喜欢被打压

那么，你喜欢被打压吗？自然是不喜欢的，没有人喜欢打压。如此，一个好的口才就要从不打压他人开始！

一个好的口才不仅能让对方更舒适，还能给自己打开一道大门，让自己成为受欢迎的人。

那么，如何将优越感留给对方，让对方敞开心扉呢？

1. 将优越感留给对方，让对方打开心扉的第一步，就是不过度显摆自己的优越感。

一位妈妈所在的班级群平时没人说话，除非有什么特别重要的事情。而这位妈妈却是个例外，她每天都在群里自言自语，时不时地发自己的生活照片。尤其是女儿认真学习的照片，甚至将女儿的笔记发到群里……

后来女儿收到清华大学录取通知书后，她第一时间把录取通知书晒到了群内，并且还非常骄傲地发了一段话：清华大学录取通知书就是大气。

当然，我们都知道能够考上这类学校的孩子，在班级或是学校的优秀程度都是数一数二的。谁家孩子考上清华都会非常开心，但是，这位妈妈毫不在意群内他人的想法，强行炫耀自己孩子优异的成绩，无异于在变向打压别人，没有把对方放在平等的位置、考虑对方的感受，自然得不到他人的欣赏。

2. 藏起自己的优越感，让对方在公平的环境中沟通。

而真正厉害的人，都会隐藏自己的优越感，因为他们知道，这是一个人的教养。

一个孩子小时候被妈妈带着去一位很有钱的朋友家打牌，到了饭点，主人把家里的山珍海味拿出来招待客人。当这个孩子第一次吃到鱼翅时，忍不住惊叹："真好吃啊，这是什么啊？"

主人微笑着说："这是粉丝，喜欢就多吃点。"

说完，又给他盛了满满一碗。

长大以后，这个孩子参加过很多次饭局。

每当上了什么名贵食材，请客的人往往会大肆宣扬：

"这个是神户牛肉，养牛的时候要做按摩、听音乐，很贵的，要好几千呐！"

相比之下，这孩子仍然记得小时候餐桌上那位主人的温柔用心。

当我们向他人不断地展示自己的优越感时，也丢掉了自己的教养。

真正有教养的人，既不给别人添堵，也不显摆自身的优越感，处处为别人考虑，让人感到很舒服。

人善良了，内心阳光，就会与人为善，自己的风评也会变好。

可见，不要时刻显摆自己的优越感，用一颗有教养的心去滋养他人，往往能得到更多的尊重和认可。但是，做到这一点是一件很不容易的事情！

第三章
好口才有技巧

《红楼梦》第五回中有一副对联："世事洞明皆学问，人情练达即文章。"对世间的任何事情都很洞明，看透彻，这是一种学问；对人情世故很通达，懂得为人处世，这是大智慧。好的口才要和生活融汇贯通，为人处事是一门人生重要的必修课，好口才何尝不是呢？

若一个人真能洞察世事，精通人情世故，便会开悟，好口才往往都是开悟后的结果。这其中是有技巧可循的。

一、技巧一：会夸赞，拉距离

赞美是增加人与人之间感情的一种方法。夸赞一个人，不仅是对他人的认可，更是对他人的肯定。每个人都有被赞美被肯定的心理需要，得到满足会得到极大的愉悦感，然后继续朝着这个方向奋进。

一个好口才是人际关系的重要润滑剂，会夸赞能拉近彼此之间的距离，他能够让人消除陌生感，感受到被理解和尊重。称赞不仅能给对方带来愉悦，还能通过赞美他人来提升自我价值，从而增强自信。

那么如何通过夸赞拉近彼此距离呢？

（一）夸赞的物体要特定而具体

赞美时要特别关注对方的特点和优点，并用具体的词语来形容。

在一次技术竞赛中，公司里的小李得到了比赛的第一名，大家由衷地敬佩。你这个时候站出来说："你的创造力和创新思维真是令人钦佩。"这样的称赞让你显得和别人不同，你关注了他的比赛，并思考了他的优点。如此表达让你的称赞变得更加具体，让对方感受到你真实的关注和赞赏。

（二）用创造性的方式表达赞赏，让赞美更加有趣和独特

面对一个很会微笑的朋友，大家都说他性格好，而你可以这样说："你的笑容像阳光般温暖，每次见到你都能感受到积极的能量。"

这样的称赞不仅在诉说对方的好性格，还在表达了自己的崇拜，从而给人际关系带来良性循环。

（三）针对努力和进步，给出肯定的夸赞

赞美对方的努力和进步，而不仅仅是结果。关注对方的成长和努力，这样的赞美更加真实和鼓舞人心。

对于身边特别努力的朋友，甚至孩子，你可以说："我注意到你在工作（学习）中的努力和进步，你真的很优秀。"

（四）用群众的角度去赞美

从群众的角度来看待，而不仅仅是从个人的角度出发。

当你想说一个人很好的时候，"大家都觉得你好"的说服力要远大于"我觉得你好"。

（五）借助别人的话夸

借助别人的话来赞美别人，不仅可以让人感到你的真诚和可信度，还可以增强彼此之间的联系和交流。

你可以说："我听某位朋友提起过您，您果真像他说的那样卓越。"

（六）夸赞对自己的影响，反衬你的赞美

夸赞对方对自己的影响和帮助，表达感激之情，让别人感受到自己的价值和重要性。

面对工作上给自己很多帮助的老师和领导，你可以说："跟您一起工作这段时间对我来说收获颇丰，您的经验和指导对我帮助很大。"

（七）及时给与评价性赞美

网络拉近了彼此之间的距离，所以时时关注家人或者朋友的动态，针对他发布的信息及时给予赞美就是一种不错的方式。

中国女排前主教练郎平对队员的激励方式堪称典范。2016 年里约奥运会期间，年轻主攻手朱婷因压力过大在训练中状态低迷。郎平当晚特意在团队微信群中 @朱婷："今天第三组扣球线路选择特别聪明，这种用脑子打球的状态就是我们的制胜法宝。"次日赛前准备会，她当众补充道："真正的强者不是永远不失误，而是像朱婷昨天那样，失误后立即调整战术思路。"这种即时、具体的正向反馈，既保护了运动员的自尊心，又精准强化了技术优势。最终朱婷以赛事 MVP 的表现带领女排夺冠，赛后她坦言："郎指导的赞美像标尺，让我清楚知道该坚持什么。"

可见人与人之间的认可需要智慧与温度并存。郎平在自传中写道："有效的赞美不是夸'很好'，而是告诉对方'好在哪儿'。"

无论生活还是工作都是如此，坚定地将自己变成会说话、懂夸赞的那个人，哪些话该说，哪些话该留，要根据不同的人，采取不同的方式，当你真正灵活运用好这一点，你会活得非常坦荡，拥有许多真心对待自己的朋友，你的一切，也都将更顺利。

二、技巧二：懂尊重，不伤人

尊重他人，是建立良好人际关系的基础。

人与人之间的关系是很微妙的，切记互相尊重，言语间不要伤害对方，这样才能维持一个稳定持久的关系。当我们尊重他人时，才能够更好地理解和接纳他人，从而促进社会环境的和谐。

同时，尊重他人不仅是一种态度，更是一种个人素质的体现。一个懂得尊重他人的人，往往更容易获得他人的认可和尊重。

好的口才并不是话从口出，而是话从心出。内心是尊重他人的，说出来的话自然也就带着尊重他人的成分。如何做好这一点呢？

（一）尊重他人意味着对他人的观点、感受和行为给予充分的重视和理解

对他人的观点、感受和行为给予充分的重视和理解，这有助于建立良好的人际关系，增强彼此之间的信任和亲密感。

这一天，某老板突然接到个电话，产品经理要辞职。大体意思是：她怀孕了要安胎，班就不上了，下周过来办离职。

老板瞬间黑脸，整个人力资源部也很头疼。

这位产品经理是猎头推荐过来的，刚过试用期，尾款刚刚打过去，怎么一怀孕就离职？

找研发部的同事打听了一下，才知道是因为某个产品出现问题了。再询问请假人，她却一直强调产品是正常的。老板无奈发话："要走就走吧，不想折腾。"

是啊，此刻再多的语言又能怎样？理论到最后，是还在浪费时间，不如尊重她的选择吧，还有助于减少冲突和损失。尊重他人是成就卓越、获取成功的必备品质。

尊重即尊敬、重视，是个人内在修养的外在表现。通过尊重他人，我们能够学会换位思考，培养同理心，提升自己的社交技巧。

（二）懂尊重，首先需要一个谦虚的态度打底

谦虚不仅是一种美德，还是一种态度，尤其是在弱者面前，更要如此。生活中，有很多成功者善于降低自己的身份，来抬高弱者的地位。

马跃最近对公司意见很大，觉得自己受到了不公平的对待。他直接找到部门经理，对他说："我讨厌这个公司！我要离开这里！"

部门经理听了他的话语后，知道他是在气头上，同时也好看他，想让他再试试。可是又怕他直接拒绝，便谦虚地跟他说："你说得太对了，我来公司这么久也感觉到了，你的决定我举双手赞成。不过，你现在离开还不是最好的时机。"

马跃问："为什么？"

上司说："如果你现在走，公司的损失并不大。你应该趁着在公司的机会，拼命去为自己拉一些客户，成为公司独当一面的人物，然后带着这些客户突然离开公司，公司才会受到重大损失，从而陷入被动局面。"

马跃觉得领导的话有道理，便决定先不离开，努力工作。事遂所愿，半年多的努力工作后，他有了许多忠实的客户。这个时候部门经理已经被调走了。等他们再见面时，这位上司依旧谦卑地问："经过这么久的积累，你一定有了很好的人脉吧？现在是时机了，要跳赶快行动哦！"

马跃淡然笑道："老总跟我长谈过，准备升我做总经理助理，我暂时没有离开的打算了。"

领导点点头说："你做得对！"

事实上，很多强者都懂得放下身段和对方沟通，并将自己的劝导说得不留痕迹。有人将之看作虚伪。事实上，当弱者与强者交谈时，往往会因为自身的弱势，而在交谈时表现得唯唯诺诺，此时，强者的谦虚则能帮助弱者建立自信，反之，强者的吹嘘则会让弱者难堪。

（三）尊重对方，学会倾听他人的意见和观点

在与他人交流时，要学会倾听，尊重他们的观点，即使我们并不完全同意。这样可以增进彼此的了解，促进沟通和友谊。

霞和梅是一对好朋友，霞很喜欢自己的工作，但自从结婚后感受到家里很多牵绊。有一次她对梅说："我好羡慕你啊，你没有结婚，自由自在。你看我，现在刚工作三年，正是奋斗的年纪，可是他们家人却催我生孩子。"

梅说："我哪里有你好呢？等我将来有了家庭不一样要经历你这样的生活？到时候我岁数也大了，根本经不起折腾。你家人让你要孩子，你就要，到时候让他们帮你看孩子，度过这几年，孩子就上学了，

你的工作也没有耽误，多好啊！"

霞一听也对，心情立刻舒服多了。她问梅："要不我给你介绍一个对象？"

生活是多样的，尊重意味着接受和尊重他人的差异，不因为差异而歧视或排斥他人。同时，帮助对方看到自己的优势，考虑他人的感受，认真对待他人，给予他人应有的关注和帮助。

三、技巧三：擅感恩，感动人

感恩，可以是一种常态，心存感恩，让你的内心充满力量，不再滋生邪思妄念、烦恼痛苦。感恩就如同一块神奇的磁铁，带着感恩之心讲出来的话，能让你吸引更多的财富、贵人、机会，获得更多的关心、爱护和情谊。

（一）多角度考虑问题，看到可感恩的点

生活中，不同的人遇到同样的事情会有不同的感受。事实上，只是大家看事情的角度不一样而已。

放学后，幼儿园里的小明对妈妈说："奶奶吃东西时，总是把自己吃剩下的给我吃。"

妈妈一听就不高兴了："为啥给我们吃剩下的呢？再说也不卫生啊！"

经过爸爸的仔细询问后才知道，原来奶奶是怕食物太烫，孩子烫到嘴，才自己尝了一小口后再给孩子吃的。

在这里，孩子想到的是奶奶咬了一口，自己吃的是剩下的，而没有想到奶奶是在尝食物。

生活中有很多时候，我们常常会为一个陌生人的帮助而感激涕零，却忽略了父母亲给予我们长久的细小琐碎而又无微不至的关怀。有些不孝的子女觉得这些关怀过于微小，无法满足自己的要求，日积月累甚至会产生怨恨之心，抱怨不止。正因为缺少感恩之心，让很多人变得消极冷漠。

（二）营造一个感恩的环境

感恩之心也是需要提升和学习的，它需要一个环境来实现。生活中我们可以营造这样的氛围来表达感恩。

开学初，班主任便布置了这样的任务：回家给自己的父亲或母亲洗一次脚，然后讲出自己内心的感受。

第二天，同学之间便有了谈论的话题，大家相诉说着：

"我妈妈激动地流下了眼泪。"

"我爸爸不好意思，连忙推脱，直到听说是作业，才硬着头皮配合我。"

"我父母对我连连称赞，说我长大了，懂得体贴人了。"

有位作家曾经说过，当我们年轻的时候不懂事，当我们懂事的时候已不再年轻。世上有些东西可以弥补，但有些东西却永远无法补偿。生活中，营造一个环境来表达我们的感恩之心，对方是能够感觉到的。

（三）吃水不忘挖井人，源头感恩

至诚至敬去感恩，内心就会发生美好的变化，眼中就会显现出美好的现实世界。所以，感恩会产生强烈的富足感。

在一个闹饥荒的城市，一个家庭殷实而且心地善良的面包师把城里最穷的几十个孩子聚集到一块，然后拿出一个盛有面包的篮子，对他们说："这个篮子里的面包你们一人一个。好光景到来以前，你们每天都可以来拿一个面包。"

瞬间，这些饥饿的孩子一窝蜂似的涌了上来，他们围着篮子推来挤去大声叫嚷着，谁都想拿到最大的面包。当他们每人都拿到了面包后，竟然没有一个人向这位好心的面包师说声谢谢，就走了。

有一个叫依娃的小女孩例外，她既没有同大家一起吵闹，也没有与其他人争抢。她只是谦让地站在一步以外，等别的孩子都拿到以后，才把剩在篮子里最小的一个面包拿起来。她并没有急于离去，她向面包师表示了感谢，才向家走去。

所有人，如配偶、孩子、父母、客户、竞争对手、身体等，都有值得我们感恩的地方。感恩能让我们内心更健康，更有活力；能让我们远离评判、算计，消除沮丧和负能量。

（四）感恩对方，细节升级

提升自己的感恩之心，可以问自己：为什么感恩对方？理由越清晰、越多越好。罗列好后，组织自己的语言，向感恩的人表达，并且要经常感恩，以养成自己的感恩认知和习惯。然后开始自己的感恩行动。

无论与谁交往，我们都要保持礼貌，用文明的语言和行为对待他人。在与人相处时，我们要学会感恩，对他人的错误和不足给予理解和包容。

四、技巧四：送友善，表关心

古人云："人为善，福虽未至，祸已远离；人为恶，祸虽未至，福已远离。"

以真诚之心行事，以慈悲之心待人。

好口才通过友善的语言来表达，在日常生活和工作中非常重要。如何通过语言来表达呢？可以尝试以下几种方式：

（一）直接陈述自己的善心

《易经》告诉我们，损上益下，将利益更多地分给大众。你对别人好，别人多半也会对你好。这是自然法则，因为毕竟好人占多数，善心占多数。

所以，日常生活中只要我们善于表达自己的善心，便能收获他人的感激与信任。

面对一个不接受自己帮助的人，可以有很多表达自己善心的方法，比如直接说："请接收我的帮助吧，因为我想做这个世界的好人。"

相信善良会带来正面的积极的影响，告诉自己："善良是一种品格，善待他人就是善待自己。"

清晨的煎饼摊前，一位西装革履的男士怒气冲冲质问老板娘："我加了两个蛋，你怎么只放了一个？"

老板娘瞥了一眼铁板上的煎饼，一拍脑门笑道："哎哟！你这身西装太气派，把我眼睛都晃花了，手一抖就少放了个蛋！"男士一愣，绷紧的脸瞬间松弛。

老板娘麻利地补上鸡蛋，又塞给他一杯豆浆："这杯算我请客，下回你穿普通点，我保证鸡蛋数得清清楚楚！"

男士被逗乐，调侃道："明天我穿睡衣来！"此后，他不仅常带同事光顾，还主动在社区群里推荐："这家煎饼摊，加鸡蛋送快乐！"

生活中的好口才如果带着善意，自然能收到很好的回复，如果带着恶意，那回来的可能是更大的恶意。因此直接陈诉自己的善心，是最好的善意表达。

（二）说话应留口德，避免刻薄伤人

《鬼谷子》中写道："口者，心之门户也。"你的言语是由内心发出的，内心如何，你的言语就会如何。人最容易犯的就是恶口伤人。一个人最无情之举，可能就是用刻薄的语言去中伤身边的人。

中伤身边的人看似和自己无关，其实是在削弱人与人之间的情谊，也是在削减你自身的福泽。

东汉末年有位叫祢衡的，因直言不讳和敢于批评权贵而闻名，但也因这种性格而遭受排挤和迫害。

一天，曹操召见了祢衡，希望这位才子能为他的霸业添砖加瓦。然而，祢衡却以一种几近疯狂的态度拒绝了曹操的邀请。他自称患有狂病，不肯前往，反而发表了一番激烈的狂言，这让曹操感到了前所未有的侮辱。

曹操怒火中烧，但他也明白，直接杀掉祢衡会失去人心。几经辗转，祢衡被交给了黄祖。在黄祖那里，祢衡依旧没有改变自己的性格。

有一次，黄祖在战船上举办了宴会，当气氛达到高潮时，他向祢衡提问，想要了解自己在祢衡心中的形象。祢衡轻蔑地回答道："你就好比庙宇里供奉的神像，尽管人们向你献祭，但你却没有真正的神力。"

他的直言不讳最终激怒了黄祖，被黄祖斩杀。

祢衡的才华横溢无可置疑，但有"口才"也要留"口德"。在中国的传统哲学中，我们讲究做事、说话留余地。做事需留善心，赢得人心回报；做人需留后路，宽己待人行远。留余地是为人处世的重要原则，能积福、得人心、行更远。宽以待人，能恕则恕，保持心态旷达。

（三）善良口才中的细节表达

在口才中表达善良，除了上述所讲的内容外，还有哪些细节需要注意的呢？

1. 关注细节和教养

真诚地与人沟通，注重礼貌、尊重他人。通过真诚的表达和得体的言行，可以展现出自己的善良和教养。例如，使用礼貌用语，如"请""谢谢"等，可以让人感到被尊重和重视。

2. 考虑对方的感受和需要

表达善良还需要考虑对方的感受和需要，站在对方的角度思考问题。例如，在沟通中，要多关注对方的兴趣和想法。

3. 适当带点幽默感

适当的幽默能消除彼此间的陌生感，拉近距离，但要注意幽默的分寸，避免冒犯他人。

人生存于社会生活中，口才一直是决定一个人生活及事业优劣成败的重要因素。由一个人每天所说的话，可以判定他每天的工作、生活情况；一个人每天的喜怒哀乐，往往由其言语表现出来。我们和他人接触时所说的话，是很容易被人估定其价值的。

五、技巧五：换位想，体谅人

在生活中，相同经历的人往往更能有共同语言，也能讲到一起去。但是，在工作中，有时我们需要和不同的人打交道，便不能用自己固有的思路去表达观点。不管做什么工作，都需要学会换位思考。换位思考后，你讲出来的每句话就能赢得对方的好感和认可，做事情也能事半功倍。

（一）不同的人有不同的认识和看法

同一件事，不同的人会有不同的认识和看法，这是再正常不过的事情了。因此，在我们进行沟通的时候，需要细心地去体会对方的感受，做到真正用"心"去沟通。

一位男士看中了一家宠物店中的一条小狗，经过一番讨价还价，把小狗买了下来带回家去。他特别喜欢这只小狗，忍不住回家给自己的姐姐打了电话，告诉她自己买了一条小狗。姐姐也非常高兴，马上询问狗是什么颜色，多大了，可爱吗？

晚上，这位男士在和同事打电话的时候，小狗突然叫了起来。同事听见有狗在叫，就问是否很脏，咬人吗？有没有打预防针……

可见，同样是对于一条狗，不同的人的反应差别很大。姐姐从小就喜欢狗，所以一听到狗，在她的脑海中肯定会描绘出一幅可爱小狗的画面。而同事的反应却是关心狗是否会带来什么麻烦，在脑海中也会浮现出一幅"肮脏凶恶的狗"的影像。

这位男士也很聪明，他口才很好，也能理解同样的一件事物，不同的人对它的理解的区别是非常大的。因此，他耐心地回复："这是宠物店买的小狗，都做好了疫苗防护，并且会定期洗澡，非常干净。"此话一出，同事笑着说："太佩服你了，你真有耐心！我可不行，我从小就不喜欢狗。"

在我们日常的谈话与沟通当中也是同样的，当我们说出一句话来，你自己认为可能已经表达清楚了你的意思，但是不同的听众会有不同的反应，对其的理解可能是千差万别的，甚至可能会理解为相反的意思。我们应该意识到自己可能存在的偏见和歧视，先接受对方的看法，尊重他们的选择，同时也要维护自己的喜好，努力摒弃这些影响我们沟通的效率与效果的事物或话语。

（二）用对方的理解和语言来说话

既然每个人的理解不同，不妨站在对方的角度和立场去回答问题。

口才本身就是一门综合性的艺术，有时也需要我们从各种艺术形式中吸取丰富的养料。高明的口才要有相声的幽默、小说的形象、戏剧的冲突、朗读的激情，才能把听众带入美的境界。

母亲给儿子买了一只鹦鹉，然后乘车回家。在车上，儿子问母亲："这只鹦鹉是公的还是母的？"

"母的。"母亲回答说。

"你怎么知道的？"儿子又问。车上鸦雀无声，乘客个个都想听这位母亲如何来回答。

只见她不慌不忙地答道："你没看见它嘴上涂了口红吗？"

妈妈的话引来一阵笑声。试想一下，如果在大庭广众之下讲如何知道鹦鹉是母的，这是一件多么尴尬的事情。而这位妈妈成功地将本来面临的尴尬场面化解了，这和妈妈平时的积累是分不开的。这样的回复不仅幽默，还迎合了孩子童真的特点。

（三）站在对方的角度：感同身受，推己及人

人的一生中会遇到各种事情，有些事情我们不能一一去体验，但是可以设身处地替对方着想，把自己代入对方的处境中。

《明史》中，记述了一位名叫葛治的贤臣的故事。

葛治自幼家境贫困，尽管他志在青云，但命运多舛，多次科举皆未得志。面对现实困境，他选择投身宰相府，担任了一名管家。即便身处低下之位，葛治却以仁心待人，从不凌驾于他人之上，反而总是细心观察，设身处地替别人着想。

一次，宰相府中一名仆人因偷窃被捕，葛治察觉到这位仆人虽然

衣衫普通，但气质不凡。经过询问方知，仆人因家中老母病重，急需用药，情急之下才行此偷窃之事。葛治听后，心生怜悯。他站在对方的角度说："我能理解他的行为，我小时候家境也非常贫寒，那种无助感让我至今难忘。如今，我愿意拿出自己的俸禄，帮助仆人医治母亲。"

后来，那位仆人通过科考一举及第，并成为朝廷中的高官。他不忘葛治的恩情，向朝廷推荐了这位宅心仁厚之人。葛治也凭借其勤勉尽责和真诚待人的品质，赢得了百姓的敬重与爱戴。他的仕途因此一帆风顺，最终享有了幸福的生活。

设身处地为对方着想不仅仅是口才的表达，更是内心的修炼。他能让我们学会发自内心地尊重他人人格，对所有的人一视同仁；学会理解和感受对方的难处，善于发现他人的潜质和特长；真诚地欣赏和赞美他人的优点。同时，也给自己的未来打开一扇通向美好的大门。

六、技巧六：给信心，出低谷

口才好，说话流利又自信的人往往是很容易被人赏识的。因为经过一番语言的充分表达后，内心没有缺憾，自然也得到最大的满足。而对方呢？通过你的言谈举止，可以更深地了解你，才敢把重任托付与你。如此，即使身处低谷之中，也是很容易走出来的。

（一）甩掉"怕"，让自己更勇敢

有人说自信是事情给的，如果事业一直很顺畅，自信是自然有的。而万一遇到阻碍，比如我们经过了一些挫折，使自己的心灵受到某种刺激，到后来，日子久了，那件使你受刺激的事情已经模糊了、不记得了，但它发生的影响还是存在的。这种内心的"怕"和担心，导致我们犹豫和不再果断，都会让我们离自信越来越远。

老高小时候是个很害羞的孩子，他不敢大声说话。直到上大学，他依然张不开那张嘴，所以别人也不会将他和"口才"二字关联在一起。

到了大学三年级，老高却陷入迷茫，他在想，自己在一所三流大学，毕业以后要做什么，又能做什么？室友也都笑话他："你都大三了，现在连一句完整的话都讲不清楚，以后还怎么在社会上混呢？"老高受到了刺激：是啊，自己到目前为止都不敢在公众场所讲话，如何面对将来的社会生活呢？

经过一个月的思考，老高选择了自己最不擅长的领域——演讲。面对这个选择，很多同学不理解。老高的理由是，如果我连最不擅长的都能做好，还有什么做不好？老高总结了自己：自己害怕当众讲话，不就是怕丢人么？既然这样，我就锻炼自己成为厚脸皮。

老高的方法特别简单，练习、练习、拼命地练习。他先找来一篇讲稿，对着镜子练了100多遍。然后他走出寝室，早晨对着操场练100多遍。接下来，他开始拉着室友，天天对着他们练。当他感觉滚瓜烂熟，可以脱口而出的时候，就开始站在学校的路口，对着路人练习。

同学问老高："你紧张吗？"老高说："紧张啊，但是我一边紧张一边也能脱口而出，因为太熟了。"

终于，从紧张变得不再紧张，进而胸有成竹，甚至陷入狂热，老高做到了！

终极的挑战来了，老高在一个周末，随机走上一辆公交车，对着全车的人演讲。在获得了大家热烈的掌声之后，他下了车，一下子热泪盈眶。

老高毕业后从事了一段时间的演讲培训，而后成立了自己的公司，现在事业已风生水起。回顾起之前的自己，老高觉得那是自己从低谷爬出来的最好见证，这些经历给自己走到如今的信心和勇气。

是啊，即使当初的那种"害怕"已经不存在了，但是我们也能从回忆中找到它，是这些经历让我们认识清楚怕的来源。根源解决了，还有什么好怕的呢？

（二）任何时候，都不要放弃学习，学习能让我们越来越自信和坚强

一个有口才而学问欠缺的人，和人交往时会觉得有些难以应付，同时在无形中就损失了不少的收获。当然，一个有学问又有口才的人，给我们的则是另外一种感受。一个滔滔不绝的说话者会有一种不可思议的力量，可以在张弛有度中影响周围的气氛。

可见，学问是好口才的催化剂。

有个男孩从小内向，别说当众讲话了，哪怕跟陌生人问路都会很恐惧。小男孩长大后依然沉默寡言，他绝大部分消遣是动漫和电影。

后来这位男孩决定改变自己，他读了很多书，学了很多心理学知

识，开始解剖自己。书中看来的一句话让他充满信心："内向的人，也可以有外向的行为。"他发现：

1. 恐惧背后的原因是未知，而熟悉的事物不会让自己害怕，所以，自己对演讲场景的陌生是恐惧的主因。

2. 紧张的主因是没有信心，而信心建立在成功的基础之上，有了信心，人就会从成功走向更成功。

3. 焦虑的核心是自恋，我们以为他人的目光会集中在自己，但其实每个人只关心自己。

基于以上认知，他制订了一个战略：

第一步：走出一小步，先对一个人讲，再扩大到几个人。

第二步：一年内做一次成功的演讲。

第三步：将成功经验应用到之后的演讲。

于是，他抓住生活中一切可以讲话的机会，不管讲得好不好，只将目标定位在熟悉当众讲话的场景。慢慢地，紧张感越来越少了。很快他就有了表现的机会，领导让他在年会上作为优秀员工发言，为此，他从第一天开始写稿准备，练习了很多遍，直到能够脱口而出。

虽然那个时候他还是会紧张，但是大量的知识储备给了他信心，当他背出前三句话的时候，紧张感开始消失，他无比顺畅地讲完全部内容。

性格内向的人，往往不喜欢言谈，时间久了便形成恶性循环。但是工作和生活是需要好口才的，大量的知识储备能让我们克服自己的内心恐惧，在需要语言表达时的临场反应中增加更多的自信。当然，这需要我们一点一滴地学习和积累，信心也是在慢慢的感受与体验中建立的。

第四章
通向好口才的障碍在哪儿

每个人都有拥有好口才的机会，只是并不是每个人都会实现。那么，通向好口才的障碍在哪里呢？

有人归咎于性格太直，也有人说自己平时不怎么讲究，还有人认为没有掌握好的技能……总有各种理由阻碍我们变成好口才的拥有者。

如何清除障碍呢？这就需要我们对自己有一个清楚的认识。

一、障碍一：性格耿介，以直为傲

什么是耿介呢？耿介，原本指面色严肃、不易露出情感的人。后来，这个词开始常用于形容一种人的性格特点，即正直、坦诚、有礼貌、重情义，不轻易屈服于外界压力。这种人具有坚定的立场和原则，不容易被动摇，是一种非常可贵的品质。

既然是一种可贵的品质，为何会是自己好口才的阻碍呢？其实问题不在这里，是人们耿直的言辞无意间冒犯了他人，影响了表达的效果。

要想让耿介不成为好口才的阻碍，我们就要学会以下几点：

（一）跟能接受的人直接说

汉朝的时候，有一个人叫朱云，他身长八尺，身材魁梧，喜好结交侠客，以勇力而闻名当时。人们都佩服他风流倜傥、不拘小节。

汉成帝的时候，安昌侯张禹被特进为帝师。汉成帝对他非常尊重，很忌讳别人说他的老师不好。

这一天，朱云给皇帝上书求见，在殿上当着众大臣的面说："当今朝臣，上不能辅佐君主，下不能有益于人民，都像死人一样占据着位子，白领俸禄。臣愿圣上赐给我尚方斩马剑，杀死一个奸臣，以警戒其余。"

皇上问道："你说的奸臣是指谁呢？"

朱云答道："安昌侯张禹。"

皇上听了勃然大怒，喝道："你作为一个级别并不高的小臣，竟敢当众侮辱帝师，死罪不赦！"

当时就有御前护卫上前将朱云架出去要斩首。

朱云用手攀住大殿的门槛，竟将门槛折断。朱云大呼道："我能像从前的忠臣关龙逢和比干那样死去，已经很满足了。但不知国家的命运将会如何？"这时，卫士已将朱云拖了出去。

在这危急关头，左将军辛庆忌摘掉乌纱帽，解下为官的印绶，一边给皇上叩头，一边说："这个人一向以狂妄耿直著称，如果他说得对，本不应该杀他；如果他说得不对，也应当宽恕他。如果皇上今天不赦免他，我甘愿死在这里！"说罢，叩头流血。皇上的怒气消解了，也就原谅了朱云。

后来修理大殿门槛的时候，皇上说："不要更换，就把这根坏的留着，以表彰那些敢于犯颜直谏的大臣。"

耿介的人在社交场合中往往不会过于张扬，也不会献殷勤、讨好对方。有话便直接讲出口。案例中的皇帝是位好皇帝，他当时虽然很生气，差点把朱云杀了，但是最终还是能听得进去谏言，如此便收到不错的效果。倘若换一个听不进去劝说的皇帝，朱云恐怕早就人头落地了。

（二）性格耿直，必须能言善辩，坚持到底

如果仅仅有一个耿直的性格，却没有好的口才，在关键时刻不能为自己辩驳，那么，耿直的性格便成为一把双刃剑，最终伤害的可能就是自己。若通过语言技巧，再以事实依据来说服对方，耿直的你就会收到不错的效果。

《三国志》里有一段记载，魏文帝曹丕想把冀州的居民十万户迁移到河南。正好这几年连年蝗灾，老百姓都在挨饿，朝中的各有关部门都认为这时迁徙人口不妥，但是皇上对自己的决定十分坚持。

大臣辛毗和其他朝臣一起去见皇上，皇上知道这些人要阻拦他，便一副怒气冲冲的样子，于是众大臣都不敢说话。

只有辛毗性格耿直，他问道："陛下迁徙十万户人口，是怎么打算的呢？"皇上反问道："你是不是说我的做法错了呢？"辛毗直截了当地答道："我确实觉得您错了。"

皇上说："我不愿再和你商谈这事了。"辛毗说："陛下既然不嫌弃我，把我安排在您的左右作为给您出谋划策的官员，为什么就不愿和我商议了呢？再说，我所说的也不是为了我自己，而是为了国家，陛下为什么对我发怒呢？"

皇上不再回答，起身要走。辛毗伸手拉住皇帝的衣服，皇上奋力一扯，挣脱辛毗而去。过了好半天，皇上才出来，说道："你为什么要逼我更改决定呢？"辛毗说："如果现在迁徙人口，老百姓既有怨言，又无法解决粮食问题。"

皇上看着周围大臣的神色，知道大家的想法都是如此，便听从了辛毗的劝诫，只迁走了一半人口。

可见，耿直的人往往更能坚持自己的想法，并为之付出努力，直到坚守成功。这个过程虽然辛苦，但是如果能有理有据把道理说清楚，最终也是能被接受的。

当然历史上也有一些人，因为太过耿直而被贬。比如韩愈，他是唐代著名的文学家和政治家，他性情耿直，多次因直言进谏而被贬地方。但是尽管如此，他依然在地方上造福百姓，为百姓所爱戴。因为，性格耿直并不是什么缺点，只是有些时候会成为我们好口才的障碍，但是凡事想一想，换个角度去表达和坚持，用好口才来弥补，也会达成所愿。

二、障碍二：和对方太熟，不必太讲究

好口才不仅是用在和陌生人、客户或者领导之间，好口才还体现在和熟人之间。或许你会问：和对方都那么熟悉了，还有必要讲究吗？

事实是当然要讲究。正因为太熟，对方在我们的心里才更重要，接触的时候才更需要讲究。

（一）朋友陪客时不要和朋友开玩笑

朋友在陪客人时，自然是需要和客人沟通的。他们已经有共同话题，已经形成和谐融洽的气氛，如果你突然介入，并与之开玩笑，转移他人的注意力，打断了人家的话题，破坏了谈话的雅兴，朋友会认为你扫他面子。

马跃和张琪是一对好朋友，他们一起住在合租的房子里。这天，马跃的老同学来了，他们在客厅里聊得很开心。

张琪下班后推门而入，他提着一兜菜对马跃说："我下班买的菜，咱们一起做。"马跃因为有客人，聊得正欢，便推脱说："等一会儿吧。"马跃着急地说："怎么可以等一会儿呢？不行！一个小时后有个好看的电影，我有两张票，咱们一起去看。"

马跃的朋友一看这场面，便站起来告辞。马跃遗憾地说："咱们这么多年没见了，怎么说走就走呢？"

案例中的张琪推门而入，无视客人的存在，这时喊马跃做饭是非常不可取的，就算平时和马跃熟悉也不行，将朋友置于何地呢？我们在和熟人相处的过程中一定要避免唯我独尊，天南海北地神侃。尤其还在三个人面前拿出两张电影票，这不是赶人吗？再熟悉的朋友也是不行的。所以我们要将话题设置得每个人都可以参加，并给对方留出一定的空间以示尊重。

（二）和残疾人开玩笑要注意避讳

人人都怕别人用自己的短处开玩笑，残疾人尤其如此。俗话说："不要当着和尚骂秃子，对着瞎子谈灯光。"

张可小时候发过严重高烧，把耳朵烧坏了，街里街坊知根知底，大家都叫他聋子。张可自己也听不见，他整天笑呵呵的，大家都叫习惯了，也没觉得有什么。

这一年，张可结婚了。这一天，张可和媳妇走在路上，又有人喊："小聋子！"张可的新媳妇可不乐意了，她扭头说："他有名字，他叫张可。"对方顿时语塞了。从那以后，再也没有人叫张可"小聋子"了。

要知道，人是没有完美无缺的，他人的缺陷和不足绝不是你拿来玩笑的材料。这种笑话会严重地伤害到对方，导致不堪设想的后果。

（三）和异性之间保持距离，不要随便开玩笑

和异性之间相处，除非特殊的关系，要注意保持一定的距离，不要随便开人家玩笑，哪怕是开正经的玩笑，也往往会引起对方的反感。或者旁人的猜测和非议。

单身的宗靖和已婚的小雅是同部门的同事，时常因工作在一起交流。起初，两人只是偶尔开些无伤大雅的玩笑，但是有一天，宗靖当着众人的面，半开玩笑地对小雅说："你要是单身，我肯定追你。"这句话一出口，整个办公室的气氛瞬间凝固。小雅的脸色变得尴尬而难看，她低下头，默默不语。其他同事也纷纷投来异样的目光。宗靖这才意识到自己开的玩笑过了火，连忙道歉，但伤害已经造成。

从那以后，宗靖与小雅之间似乎隔了一堵墙，关系变得疏远了。宗靖懊悔不已，明白异性之间应保持适度的距离，不能随意开玩笑，尤其是涉及个人隐私和感情的问题。

朋友之间在相处时如何才能把握合适的开玩笑的尺度，关于这个问题，需要针对不同情况进行分析。

总体来讲，朋友之间，尤其异性朋友之间开玩笑，要保持三个基本原则：

1. 不能影响彼此之间的感情。

朋友之间开开玩笑并不是不可以，甚至可以认为朋友之间开玩笑是关系亲密的表现。但是，朋友之间开玩笑必须注意一点，那就是不能影响彼此之间的感情。

如果因为开玩笑而使对方不开心，使朋友之间的感情受到影响，那么这样的玩笑就是不合适的，需要立刻纠正。

2. 不能给对方造成伤害。

对朋友开玩笑时，还要注意不能给对方造成伤害。具体来说，对朋友开玩笑的时候不能贬低对方，不能使对方受到各种形式的伤害，朋友之间的关系也不至于因为开玩笑而受到影响。

3. 必须建立在互相尊重的基础之上。

朋友之间开玩笑还必须注意一点，那就是双方开玩笑必须建立在互相尊重的基础上。

朋友之间的关系之所以能够保持和发展，其最重要的基础因素之一就是彼此之间的互相尊重。这是极为关键的一点，在朋友之间的交往过程中一定不能有影响朋友自尊心的言行。做到了这一点，即使朋友之间开开玩笑，也不会影响彼此之间的友谊，双方之间的关系可以良好地维持下去。

学会保持恰当的距离，在一定场合下也不要拘谨和别扭。异性之间把握好度，不开所谓的荤段子。

三、障碍三：口才技能差，不如没有

对自己口才不自信的人，往往会以为自己没有掌握什么技能，也学不会那些所谓的方法，如此还不如不讲什么口才技巧，该怎么说怎么说！

这么说倒是随心所欲，但是万一说错了话，就需要更多的努力去弥补和修正，甚至会影响自己的事业发展。不如从以下几点细节为自己把好口才关！

（一）不和同事开玩笑

有些人比较随和，觉得和同事之间搞好关系比较重要。这本身没有什么，但是千万注意不能开太过火的玩笑。

在一家公司，张恒和李明是平时关系很好的同事。一次午休时，大家围坐在一起聊天，聊着聊着，就聊起了上次的项目。张恒为了活跃气氛，便开玩笑说，李明上次的项目报告写得像天书，估计只有神仙能看懂。李明最近正为这件事情而压力太大、心情不佳，听到这句话后，脸色瞬间沉了下来，认为张恒是在贬低自己的能力。

张恒开玩笑本来是想让气氛轻松一些，但是因为没把握好分寸，反而让李明感到被冒犯，影响了两人之间的关系。事后，张恒意识到自己的玩笑开过了头，连忙向李明道歉并解释，两人才冰释前嫌。

和同事之间就是合作的关系，不要随便跨越尺寸，开玩笑要把握尺度，否则时间久了在同事面前就显得不够庄重，同事们也不会尊重你。这样的行为会使你看起来不够诚实、不够踏实，领导也不会信任你，因此不会委以重任。

（二）社交场合有意识地多认识人

无论你的口才多差，都不要认命。抓住各种社交场合去认识更多的人，对你事业的发展有更多的好处。

刚毕业不久的张平非常成熟，做事情也很老练，才上班两个月老板就带着他去参加活动了。

作为陪同人员，张平时刻不离领导的视线。在饭桌上，也不忘记赞美主办方，给足领导面子："首先我要感谢领导的信任，能带我来认识各位优秀的人。同时也要感谢主办方对我们的热情招待。今天我们能够相聚在此，是因为我们有缘，希望以后能够多走动、常联系。"

他的一番话让大家都感到自己被尊重和赞美，心里自然很开心。

可见，拥有好口才和没有口才的区别是非常大的。拥有好口才的前提是要稳定自己的内心，通过学习和对细节的把握来帮助我们提升口才。

那么，如何把握好尺寸，让自己在大众面前有一副能说得过去的口才呢？

1.分清主次，把握大局。

如果我们参加的是宴会，那么注意这种场合里的不同人群。赴宴时首先应环视观察各位的神态表情，分清主次，不要单纯为了喝酒而喝酒，失去交友的机会。

在酒席宴上要看清场合，正确估计自己的实力，不要太冲动，尽量保留一些酒量，注意说话的分寸。

2. 与众同乐，切忌私语。

大庭广众之下，所讲的内容一定是尽量谈论大部分人能够参与的话题，尽量不要与人贴耳小声私语，以免引起他人的猜忌心理。

大庭广众下，要学会察言观色，了解人心，才能演好自己的角色。

3. 劝酒适度，切莫强求。

如果我们参加的聚会是需要喝酒的，那么要注意的是，在酒桌上往往会遇到劝酒的现象，过分地劝酒可能会破坏原有的朋友感情，切勿参与其中。

敬酒时应注意年龄大小、职位高低、宾主身份的顺序，避免造成尴尬或伤感情的局面。

4. 语言得当，诙谐幽默。

在酒桌上可以显示一个人的才华、修养。语言得当、诙谐幽默可以给客人留下深刻印象。

四、障碍四：嫉妒心强，看到对方优点就生气

什么是嫉妒心？

嫉妒心是指人们在比较自己与他人时，发现自己在才能、名誉、地位、收入等方面不如别人而产生的一种由羞愧、愤怒、怨恨组成的复杂情绪状态。

嫉妒心太强，为何会影响我们的口才发挥呢？

嫉妒心过强的人，会在看到别人的成就时产生不满的情绪，这种情绪表现出来会被人感知，从而导致关系的疏远。

当这种嫉妒心发展到一定程度时，他们会从内心变成实际行动。这种情绪，可以导致一系列的心理问题和不当的社会行为。例如，嫉妒心强的人可能会通过贬低他人或采取攻击性行为来平衡自己的心理。

因此，学会控制嫉妒心态，积极面对生活并努力提升自身实力，是实现个人价值的重要途径。

（一）把眼睛看向自己，而不是他人

嫉妒心太强的人总是模糊了生活的重点，强烈的不满导致内心的扭曲和阴暗。对他人口出恶言，背后搞小动作，也最不受人待见。

范范工作能力很强，也很有亲和力，但是她最大的问题就是喜欢将眼光放在别人身上。

范范最嫉妒的同事便是蔓蔓。蔓蔓的工作能力比范范相对强一些，长得也比范范漂亮，大家都很喜欢她。范范因为嫉妒，不能像别人一

样喜欢蔓蔓，她开始对蔓蔓产生各种妒忌。从工作到长相再到家境，范范都觉得自己比不过她，也过不上她那样的生活，无论自己付出多少倍的努力，都无法企及。

于是，范范变得很敏感，别人稍有强于她的地方，她就甩冷脸，还时常背后酸这个、数落那个，别说口才了，就是日常的沟通都成问题，说出来的话让人极度不舒服。自然，她也受到了所有人的冷落。

当范范意识到这一点时，她知道自己需要改变了，不能再出口伤人。

其实每个人的人生都一样，不可能十全十美。你所看到的别人的优异或生活的优渥，背后肯定也藏着许多不为人知的酸楚。如果你总是盯着别人的日子，甚至因为嫉妒而变得苦闷，那你永远都过不好这一生。

（二）利用好自己的嫉妒心，将其变成动力

日本学者诧摩武俊在《嫉妒心理学》里说：嫉妒是看到别人占有了优越的地位，或者有了看似优越的地位时，就想要积极地排挤对方、胜过对方。

某企业家就多次在演讲中表达，自己为什么这么拼命呢？就是因为嫉妒那些成功的人士，也想成为那样的人！

2008年，他在很多媒体里都被描述成一个郁郁不得志的中年男人。

"那半年，没有一家媒体想要采访我，没有一个行业会议邀请我参加。我似乎被整个世界遗忘了，冷酷而现实，人情冷暖忽然间也明澈如镜。那个阶段，我变得一无所有，除了钱。"2012年，他接受《南方人物周刊》采访时，这么形容自己辞去某软件职务后的生活。

某软件 IPO 的现场，他读了一封员工的信。信的内容是：加入公司 8 年了，第一年就在传上市，每年都传，传得连自己的爸爸都不信公司真的要上市了。

光准备上市，某软件准备了 8 年，而腾讯、百度做到 IPO 都只用了 6 年，这让他焦虑，甚至有点儿嫉妒。

"在后期我就觉得不对了，当你坚信自己很强大的时候，像坦克车一样，逢山开路，过河架桥，披荆斩棘。但是当你杀下来以后，遍体鳞伤，累得要死，你在想，别人的成功为什么就那么容易？"企业家曾这样坦诚。

2010 年中，他在微博上分享了自己的体会：

"过去公司的事，鲜有我没有掺和的，二十二岁的企业没有大成，有我一份不可推卸的责任。一日梦醒才明白，要想大成，光靠勤奋和努力是远远不够的。"他的反思让自己受益良多，"虽然晚了，但子曰：'朝闻道，夕死可矣'。"

一个从来不嫉妒别人的人，只会是一个平庸的人。可见，适当的嫉妒心可以激发一个人的斗志，但是仅有斗志是不行的，还需要更现实的努力和顺势而为的勇气。

为什么大多数人的嫉妒心都没带来好结果呢？因为大多数时候，大家只是一边嫉妒着，一边并没有任何行动，日子是数十年如一日的艰难。所以，没把嫉妒心用至正处，这样的结果也是必然。

五、障碍五：清高傲慢，觉得对方不如自己

清高傲慢的人往往觉得自己是最厉害的，和别人相比，自己是高高在上的。他们太过于自信，让对方无法接受。如此傲慢的人，哪能会有好口才而备受欢迎呢？

（一）拿自己的优点和对方的缺点比，看不上对方

每个人都有自己的优点也为之骄傲自豪，这本没错，可是，如果喜欢拿自己的优点和对方的缺点比，以此来赢得自我满足感，就大错特错了。

兔子嘲笑乌龟跑得太慢了："瞧你那笨乎乎的样子，四条腿本来就很短了，偏偏要背着重重的壳！这不是自己给自己制造困难吗？"

乌龟却不示弱："背着房子行走，想在哪里休息就在哪里休息，你管得着吗！"

兔子说："有本事我们赛跑，跑个三天三夜，让你看看我没有把房子背身上，也一样可以睡得很舒服。"

比赛就比赛，乌龟做好了比赛的准备，随时都能跑。

兔子觉得自己是天生的飞毛腿，跑得快，对比赛掉以轻心，困了就在路边睡觉，可是谁想，正是这种觉得自己天生是飞毛腿的想法，让兔子忘乎所以，想睡多久就睡多久，反正自己最后都能追上。

乌龟却深知自己走得慢，却毫不气馁，不停地朝前奔跑。结果，乌龟超过了睡熟了的兔子，夺得了胜利。

案例中的兔子确实有很好的先天条件，却最终失败了。是它过于

清高和傲慢造成的。现实中，清高傲慢的性格是会影响职业的发展的，这样的人在工作中往往表现得自以为是，不愿意接受他人的意见和建议，从而导致工作效率下降、团队合作受阻。他们难以融入团队，难以与他人协作，进一步影响整个团队的氛围和绩效。

（二）不切实际，盲目清高和傲慢

兔子之所以清高和傲慢，好歹还是有值得骄傲的资本，比如它平时确实跑得比较快。而有些清高和傲慢则是盲目的，是凭空想象、毫无根据、不切实际的。

乌龟看见鹰在空中飞翔，便请求鹰教他飞行："我也想学飞。"鹰劝告他："你可不能飞！"

乌龟才不听，它一再请求鹰："你就带我到空中吧，我肯定能学会飞。我很坚强，我也能吃苦。你看我的腿短，我还跑赢了兔子，所以一切都是有希望的，要相信自己一定能行！"

乌龟的再三请求把鹰听烦了，他说："你一味强调坚强和吃苦有什么用呢？难道你还能长出翅膀来？没有翅膀，你怎么飞？"

说到这里，鹰便抓住乌龟，飞到高空，然后将他松开。乌龟落在岩石上，被摔得粉身碎骨。

瞧，不切实际的清高和傲慢就是好高骛远，必将失败。现实中，用固有的思维和理念去坚持自我的清高傲慢，往往不愿意学习和接受新事物，他们自认为是，不愿意倾听他人的意见和建议，这种封闭的心态会限制个人成长和发展。

（三）不要将偶然功绩作为清高和傲慢的资本

别林斯基说："一切真正的和伟大的东西，都是纯朴而谦逊的。"谢觉哉在《不惑集》也说："一知半解的人，多不谦虚；见多识广有本领的人，一定谦虚。"

明末农民起义领袖李自成在起义前期能和官兵同甘共苦，身先士卒，礼贤下士，因而屡战屡胜。

但随着起义队伍的壮大，功绩的显赫，他的骄傲情绪一天天滋长起来，贪图享受，拒听忠言，听信谗言，居然杀害了向他进谏的忠臣李岩，以致军心涣散，辉煌功业毁于一旦，落得个自身被害的结局。

清高傲慢的人往往自视甚高，不屑于与他人交往，这种态度会使人难以接近，导致人际关系紧张。他们在与人交往时常常表现出冷漠和不可一世的态度，给人一种无法靠近的感觉，导致孤独和隔阂。

那么，我们应该如何改掉这种清高傲慢的性格呢？

1. 保持谦虚态度：无论在什么场合，都应该保持谦虚的态度，愿意倾听他人的意见和建议，这样才能不断进步和提升。

2. 增强自我反思：定期进行自我反思，认识到自己的不足和需要改进的地方，这样才能不断成长和完善自己。

3. 加强人际交往：积极参与社交活动，与不同的人交流和互动，这样可以拓宽视野，了解更多的信息和观点。

六、障碍六：社交恐惧症，能不开口就不开口

社交恐惧症，又称社交焦虑障碍，以过分和不合理的对某种客观事物或情境的恐惧为主要表现。

社交恐惧症表现为：在小团体中被人审视时害怕，一旦感觉到别人在注意自己，就会开始感到不自然，甚至恶心、脸红或尿急等。严重的社交恐惧症患者可能因回避恐惧对象而导致与社会隔离。

这种病症并无传染性。多数不爱开口的人多少都有点社交恐惧症，他们喜欢远离人群，能不开口就不开口。这种现象自然成为我们拥有好口才的绊脚石。

（一）使用暗喻让对方主动

事实上，人类不可能远离人群而存在。每个人都需要建立自己的家庭，有亲友、事业等小圈子，不开口说话不太现实，可是有些话自己又不好意思说，该怎么办呢？

小丽有个青梅竹马一起长大的发小，他叫李子。小丽和李子虽然彼此有好感，但是都不擅长表白。

这一天，两人在田间相遇，小丽灵机一动，指着在花间飞动的蝴蝶问小李："你说为什么只见蝴蝶恋花，不见花追蝴蝶呢？"小李一时发懵："花怎么能追蝴蝶呢？花又不会动。"

小丽低声说："是啊，我又不会动。你说蝴蝶会来吗？"

小李一愣，转瞬便明白了对方的意思，坦率地表达对小丽的爱慕之情。

案例中的小丽虽然不善表达，但是很聪明，话语委婉巧妙，让对方主动说出口，既实现了完美的表情达意，又不丢脸面。

（二）利用逆向思维消除紧张

如果你太用力去做一件事，你反而无法做到这件事。社交恐惧也是如此，当你不再特意对抗恐惧时，或许恐惧自己就消失了呢！

李斌是一位老板，虽然事业做得很成功，却对于演讲害怕到极点，偏偏工作又需要他讲话。

李斌不得不找到一位老师来帮助自己调整。老师想了很多办法，比如放松暗示、调整认知、挖掘深层次问题等，但都不是很有效。李斌的症状顽固极了。

终于有一次，老师灵光一闪：既然他满脑子都是紧张，不如逆向思维一下，不提放松，就让他紧张呢？

人有时就是如此，当你拼命要去放轻松的时候，实际上你就是在对抗紧张，你的潜意识里全部都是紧张，而身体是受潜意识控制的。于是老师对他说："下次你准备当众讲话的时候，请你拼命保持住心里的那份紧张。"

你猜结果怎样？是的，当他拼命去维持紧张感的时候，紧张感反而消失了。

事实上，社交恐惧症的人多数都是内心紧张造成的。他们的思路都是正常的，甚至于比普通人还要聪明，但苦于心里有很多的话，就是无法讲出来。那么，在日常生活中不妨用以下方法来试着缓解：

1. 闭上眼睛，从自己的大脑中寻找一个让自己非常开心的事情，是自己经历过的为最佳，如果没有，回忆崇拜的人也可以。试着将自己变成你最崇拜的那个人，他都经历了什么，说了哪些话等等。试想着如果你是他，你会是怎样的心情。

2. 尽可能详细地回忆一位生活中你最喜欢的人，并在身体上以一个动作联结这个时刻，想想那个时刻你最关注的是什么，为什么会这么吸引你，而你又要从中学到什么，试着讲给自己听。

3. 试着回忆下你最平静的时刻，那个时候你没有紧张是因为什么呢？是因为品茶、读书还是别的原因？假如你又回到那个时刻，你会紧张吗？那么带上一本书呢？试着当众讲自己一个有趣的经历，假如周围坐满了人，你会紧张吗？假如喝点茶呢？如此反复，寻找到自己最放松的时刻。

第五章
好口才应对不同的人

好口才能游刃有余地应对不同的人——陌生人、孩子、家长、恋人、朋友、客户、领导、同事等等，对不同的人有不同的方法。

一、和陌生人沟通，找到共同话题

我们几乎和每个人的相识都是由陌生到熟悉的，有人可以在瞬间将陌生人变成熟人，有人则不擅长和陌生人沟通。

事实上，能否和陌生人迅速打成一片，关键在于是否找到彼此的共同话题。

（一）通过观察细节的方式打开话题

每个人都有自己的细节所在，注意对方的服饰、周围的环境等细节，从中找到话题。

杜鹃最大的客户竟然是咖啡馆里认识的。

那天杜鹃去喝咖啡，她看到对面坐着一位看上去气度不凡的人。他边喝咖啡边处理事物。杜鹃观察了一会儿，走上前说："你点的这杯拿铁看起来很不错，也是咖啡爱好者吗？"

对方礼貌地点点头，问："您也是吗？"

杜鹃便打开了话匣子，讲到自己小时候和咖啡的故事：那个时候根本不知道什么叫咖啡，第一次喝咖啡还皱纹头，这是什么啊？太难喝了！没想到长大后竟然爱上了咖啡。

就这样，杜鹃和对方相谈甚欢，彼此留下了联系方式。这为以后的合作建立了很好的基础。

案例中的杜鹃是聪明的，她有意识地针对一个人开展话题，并得到了意外的收获。不得不说，这是一位抓细节游刃有余的好口才持有者。

（二）利用环境因素找话题

观察你们所处的环境，从中找到共鸣点。比如在公园，可以聊周围的风景，"这里的景色真美，你经常来这里散步吗？"这样的对话不仅能拉近距离，还能让对方感受到你的细心和关注。

小石是个汉服爱好者，平时他收集了很多汉服，在网上开了一家汉服租赁店。

这天小石去一处水镇玩耍，遇到很多穿汉服的游客。小石有点兴奋，他迅速建立了一个汉服群，然后在醒目的位置放好牌子。自己还不断地宣传汉服文化，以让更多的爱好者加入群里。

不久，小石便利用水镇这个环境建立了一个上百万的大群，并被大家迅速宣传开来，小石顺便宣传了自己的汉服租赁网店。

案例中的小石是有大智慧的，他合理利用了水镇这个大环境，以汉服为支点，迅速建立起和更多人的沟通，获得了大量潜在客户。

（三）分享趣事迅速拉近彼此距离

在琐碎的生活和严谨的工作中，我们很少有机会彻底放松并展现自己真实有趣的一面。你可以用手机记录自己有趣的经历，在恰当的时候分享出来。不仅凸显出你的个性，还能给大家开怀一笑，觉得你很有意思，愿意和你交往。

车库里邻居急得团团转，在车里翻来覆去寻找。你看到了，走过去问："下班了不回家，在车里找什么呢？"

急得冒泡的邻居告诉你，回家的钥匙找不到了，平时都是放车里的，今天竟然找不到了。看着邻居着急的样子，你可以这样安慰："别着急，我上一回也这样，结果钥匙就插我家单元门上呢！"

邻居一听笑了，拍着脑袋说："搞不好还真是，我赶紧回家看看。"

我们的工作和生活虽然简单，但是一些好玩有趣的故事还是有的，平时的收集也很重要呢。

（四）提问引导也是深入了解对方的好方法

通过提问引导对方分享更多信息，但要注意避免过于私人或敏感的问题。

面对一位新来的同事，其他同事都互相介绍，忙着打招呼、寒暄。汽车销售员小张笑盈盈地走过去问："请问，你最喜欢的一本书是什么？"

同事笑着说："我不怎么喜欢读书，我只喜欢看小人书。"

小张立刻笑开了花："我也是，我家有三国的小人书一整套，可好看了！"

两人相谈甚欢。

事实上，小张家里的藏书很多，如果对方说自己喜欢看的是别的书，小张也能搭上话。

不要害怕与陌生人聊天，更不要担心找不到合适的话题。在这个快节奏的社会里，我们每天都在与不同的人擦肩而过，而每一次与陌生人的相遇，都可能成为一段新故事的开始。只要你能找到彼此之间的共同话题，便会立刻打破这个尴尬的沉默，让彼此熟络起来。相信自己的魅力和能力，勇敢地迈出那一步，你会发现，还有很多有趣的人在等待着你去认识和了解。

二、面对孩子，懂得维护他的自尊心

同样是做家长，有的家长就特别懂得和孩子沟通，利用好的口才打造出一个充满自信的孩子。他们是如何做到的呢？

事实上，这些家长是非常懂得维护孩子的自尊心的。

什么是自尊心呢？

自尊心，是指一种由自我评价所引起的自信、自爱、自重、自尊，并希望受到他人和社会尊重的情感体验。自尊心能使人自强不息，并维护自己的人格尊严。触犯一个人的自尊心，会引起对方烦恼、怨恨、愤怒等情绪。

英国心理学家把自尊心称之为"自尊情操"，并认为自尊情操是理解意志活动的钥匙，也是自重和培养品德的基础。自尊心的建立，不仅与一个人的优点、荣誉有关，而且与其优越的地位相互联系。

假如一个缺点颇多的儿童做了一点好事，如果受到关注、表扬和尊重，在集体中的地位得到恢复，他的自尊心就会使他更加自爱，从而对自己的要求更加严格。

那么，如何维护孩子的自尊心呢？

（一）懂得保护孩子的隐私和秘密

大部分人对个人隐私的保护都非常重视，但是一些家长对孩子的隐私和秘密却不以为然。生活中，多少家长打着为孩子好的"旗号"，随意翻看孩子的书信、聊天记录、日记等私人物品。

明智这几天闷闷不乐，这是为什么呢？

原来，明智周末在家里尿床了。可是，多么奇怪呀，对于5岁的孩子来说，尿床不是一件很稀奇的事情啊，怎么会给他的情绪造成这么大的影响呢？

原来，明智尿床的时候妈妈笑话他了："你瞅瞅你尿的，就像一个大地图一样！"不仅如此，妈妈把孩子尿床当成了一件趣事，不仅觉得很好笑，还告诉了爷爷奶奶，这一不小心就伤害到了孩子的自尊心。

每个孩子的感受不同，是因为他们的敏感度不同。高敏感的孩子，家长一定要额外注意。

明智的妈妈得知自己的言行触及孩子的自尊心后，主动向孩子道歉："妈妈当时只是觉得有趣，并没有嘲笑你的意思。而且，妈妈小时候也尿过床的。以后这种事情妈妈再也不到处说了，替你保密，好不好？"

案例中的明智妈妈虽然一开始不懂得维护孩子的自尊心，但是知道自己的问题后能主动向孩子道歉并改正，这是非常好的。日常生活中，我们一定要注意，当孩子出现了"丢人"的事情时，父母一定要帮孩子保守这个"秘密"。这不仅维护了孩子的自尊心，还能增进孩子与父母之间的感情。

（二）不和孩子翻旧账

长年累月的生活中谁没有犯过错误呢？如果你一直揪着过去不放，势必会给孩子带来更多的压力，从而影响孩子今后的发展。

马丁这次考试又考砸了，他的数学只考了二十分。爸爸无论如何也不能理解，自己和马丁的母亲都是本科生，怎么孩子却对数学一窍不通呢？无奈之余，他感慨道："马丁啊，你算算从小学一年级开始，你有几次考及格过？这些题很难吗？你怎么一直不开窍啊？"

马丁听了反驳道："爸爸，你就算算，我从上小学开始，你表扬过我几次？次次都是批评！"

爸爸生气了："你倒是给我一个表扬的理由啊！你第一次考试考了50多分，我认为你还没开窍，结果第二次40多，第三次30多，这下好了，20多分。下次呢？"

马丁不服气地说："下次十几分！"

爸爸生气了，巴掌啪啪就打了过来。马丁哇哇大哭："我不喜欢你，你是个坏爸爸！"

其实，在家庭教育中，这种喜欢"翻旧账"的家长不在少数。孩子一犯错，就把之前的那些事情一五一十地再翻出来，数落孩子一遍。父母的做法可能是想让孩子长记性，可是孩子并不会这么想，他们会觉得自己的自尊心受到了伤害，这样不仅起不到教育的作用，反而让孩子抵触这种教育，产生逆反心理。

（三）如何提高孩子的自尊心

不随意践踏孩子的自尊心，是家长必须坚持的"教育底线"。以下是一些通过有效的沟通方式来增强孩子自尊心的建议：

1. 表达关爱和支持。

父母应该经常向孩子表达关爱和支持，让孩子感受到自己被爱和被重视。这样可以增强孩子的自尊心，让孩子更加自信和积极。

2. 倾听孩子的想法和感受。

父母应该多倾听孩子的想法和感受，让孩子感受到自己被尊重和理解。这样可以建立孩子与父母之间的信任，提高孩子的配合度和自律性。

三、说服家长，找到家长的痛点

说到孩子，就不得不提到家长，而与家长关联的通常有两个群体——老师和孩子。家长是一个很独特的群体，正因为他们是家长，他们的关注点往往是自己的孩子。作为老师，很多时候免不了要和家长沟通，而作为孩子，更是时刻要与家长见面，所以只有了解家长的想法，找到他们的痛点，才能提高我们和家长的沟通能力，进而提升我们的口才。

如何说服家长，找到家长的痛点呢？

（一）站在家长的立场上考虑问题，学会理解家长

试着站在家长的角度去理解他们的担忧和顾虑。了解他们为什么反对你的请求，这样你才能更好地回应他们的担忧。

欣欣的口才表达学得挺好的，可是妈妈突然不让她学了。作为培训机构的老师心里挺着急的，不知道问题出在哪里。

为了了解清楚这件事，老师先选择和欣欣沟通。

欣欣说：妈妈是一位很严厉的母亲，有一次妈妈在批评我时，我实在受不了了，就抹着眼泪说："妈妈，其实你越这样说我，我越不想听。"妈妈严厉地说："给你好好说过啊，但是管用吗？啊？"

欣欣哭着喊道："可是好好说的话，我听进去了，只是我临时又忘记了，我不是故意的！"

可是妈妈并不听欣欣的解释，把欣欣所有的课外班都停了，让她好好反思。

老师听了，大概明白了是怎么回事，他用心总结了欣欣上课以来的表现，找了一个机会和欣欣妈妈聊天。首先，他肯定了欣欣的进步，同时也指出欣欣的问题，并用自己的记录向欣欣妈妈证明孩子在一点点改正，虽然不能一步到位，但是一点点的改变总是在朝着更好的方向发展。

看着欣欣妈妈心里接受了，老师总结说："对于孩子的问题，我们不要指望讲一次道理，孩子就能立刻改正错误，通常要有 3 ~ 4 次的反复。经过几次的反复后，孩子的改正才是真正改正。否则，孩子只会为了躲避批评和责骂，制造'改正错误'的假象。那样的话，是

不是更不利于孩子的成长呢？"

欣欣妈妈觉得老师说的有道理，也是站在孩子角度考虑问题的，便欣然同意欣欣继续学习口才表达，她说："相信我的孩子会越来越好。"

在和家长沟通时，保持冷静和理性是非常重要的。不要因为情绪激动而说出伤害感情的话，这样只会让问题变得更加复杂。案例中的老师通过细致的分析和耐心的劝说，成功解决了妈妈内心的纠结，帮助欣欣恢复了他喜欢的口才课。

（二）展示你的责任感，赢得家长的信任

假如你是一名学生，在请求任何事情之前，先完成你的家务和学业。这不仅能显示你的责任感，也能增加家长对你的信任。学会用事实和数据来支持你的观点，并向家长展示这些信息。

张梦想要一部手机，可是他知道父母担心他沉迷于网游而迟迟不给他买。这个周末，张梦写完了所有的作业，妈妈说："张梦，你自己在家待会儿，我有点事要外出。"

张梦觉得时机已到，便对妈妈说："妈妈，你能不能把手机留给我一会儿？"

妈妈着急了："你要手机干吗？可不能玩游戏，那会害了你的！"

张梦耐心地说："不是的，妈妈，我们周末有个试卷，我已经写完了，老师说他会把答案发班级群里，我想对下答案，看看自己做的怎样。"

妈妈说："我出门也不能没有手机啊，要不怎么和别人联系呢？"

张梦说："可是等你回来，我就没有时间了啊。"

妈妈想了想说："我回头把之前用过的手机拿给你，先用着再说。"

张梦使用妈妈的旧手机完成了卷子的核对。晚上，张梦对妈妈说："妈妈，你能不能给我买个新手机，我们社会大课堂上，很多同学都有自己的手机，可以拍照片，可以做记录。我保证，我有新手机也不会玩游戏，我用来学习。"

妈妈点点头说："好吧。"

案例中的张梦，选择了一个合适的时间，用自己的耐心和变通达成了自己的愿望。这其中最关键的一点还是让妈妈看到了自己的责任心，因为他向妈妈保证了自己不玩游戏，和妈妈达成一个双方都能接受的解决方案。

家长是一个特殊的群体，他们的心里想得最多的是孩子，所以和家长沟通其实最关键的一点就是找到他们的内心痛点。在谈话中保持冷静的语气，即使家长拒绝你的请求，也要保持礼貌和尊重。让家长知道你的请求对他们也有好处。这样他们更可能从双方受益的角度考虑你的请求。

四、关爱恋人，让对方感知你的爱

恋人需要互相沟通，感情才能更加甜蜜。假如想追到一个女生，只要你会聊天，就有八成机会追到她。因为谈恋爱，核心就是一个"谈"

字，跟女生谈生活、谈心、谈未来，只有你跟她谈得来，才会有发展的机会。

假如我们就是一位不会说话的追求者，该如何让恋人感受到我们对她的爱呢？

（一）利用社交媒体，表达你的爱

说不出口没有关系，现在社交媒体越来越多了，用文字、图片等代替语言就能和对方更加轻松地聊天，比如在微信每天给恋人发几条关心的话，节假日发祝福等。还可以注册一个社交平台，这样聊天时更加有针对性地提出话题，让对方感受到你的关注和共鸣。

热恋中的晴天看到恋人之前在社交媒体分享的旅行照片，便问恋人："我看你经常出去旅行，最喜欢哪个地方啊？我也很喜欢旅行，下次可以一起去吗？"

恋人回复："我热爱美食，超级能吃，怕你扛不住。"

晴天笑了，这就是有门了，他回复："你拍的这些美食看起来真好吃！你放心，我肯定比你还能吃。"

媒体是一个好东西，一些爱记录的恋人会分享自己经历的一些美景美食和有趣的见闻。你浏览后记在心里，就成了你们彼此聊天的内容。利用社交媒体寻找共同话题，不仅能让你的聊天更加有针对性，还能让对方感受到你的用心和关注。

（二）保持真诚，展现自我

不管和谁，尤其和恋人之间，真诚不可或缺。不要为了迎合对方而刻意改变自己，也不要因为紧张而表现的拘谨、不自然。记住，每个人都是独一无二的，你的真诚和自信就是你最大的魅力所在。和恋人聊天也不可工于心计，毕竟将来的恋人会是一起生活的伴侣。

和恋人聊天时，你可以分享自己的真实想法和感受，让对方更加了解你。同时，也要尊重对方的观点和感受，不要强加自己的意见或价值观给对方。当你们能够以真诚和尊重为基础进行聊天时，就会建立起更加深厚和长久的感情。

和恋人一起去图书馆，看到对方挑选了一本你也喜欢的书。你可以说："你挑的这本书看起来很有趣，我平时也很喜欢读书！你最喜欢读什么类型的书啊？"

你也可以分享你的读书趣事，比如："说起读书，我昨天晚上竟然因为看书看得太入迷，忘记了时间，结果一看时间都凌晨两点了！你是不是也有过类似的经历啊？"

或者和对方探讨："你觉得读书给你带来了哪些改变或收获呢？我最近在尝试多读一些不同类型的书，想拓宽自己的视野。"

上面的问话都是引导式问话，在对方作出回应后，你可以继续真诚地说："其实我一直觉得，能够静下心来读书是一件很幸福的事情。希望我们都能保持这份热爱和坚持，一起成长和进步。"

通过这样的聊天方式，你不仅能够轻松打开与恋人聊天的话匣子，还能让对方感受到你的真诚和魅力。

（三）关注和恋人相处的模式

恋爱时，两人都会特别在乎对方说的话，此时要学会接纳对方的优缺点，给予相对自由的空间、目标上认知达成共识。

1. 像朋友一样相处。

恋爱初期两个人见面可能会略有紧张，做事说话总是会小心翼翼，生怕给彼此留下不好的印象。但是恋爱中后期，如果能达到像好朋友一样相处的状态是最舒服的。因为彼此之间坦然相对，不需要怕说错话会惹对方不开心，彼此之间各种话题都聊得来。

2. 给予彼此一定自由。

两个人在一起，互相拥有彼此，亲密固然重要，但也不能忽略个人的独立。在一起之前，你是你，我是我，在一起之后变成了我们。但我们终究是独立的个体，所以要保持相对拥有、一定自由的状态。

3. 注意新鲜感和仪式感。

别小看了这些生活中的小仪式，仪式感是爱情的保鲜剂。从心理层面来讲，这是一种归宿指向，可以很大程度地满足双方的爱与被爱的感觉，就算是男人，累的时候，也会想要一个温暖的拥抱。

4. 别把对方的示好当作理所当然。

我们很多人都有这种通病，刚开始恋爱时还会各种顾忌，可是在一起后就肆无忌惮了，好像认为对方对自己好或者忍让是理所当然的。如果你这样想，那么爱情势必不会永恒，实际上反而会迎来危险的暴风雨。

社交其实并不难，好口才也不一定就是妙语连珠。循序渐进式的谈话和真诚的交往往往最能轻松打破沉默，让每一次沟通都变成美好的开始。爱人，是一种能力，更是一种态度。只有当你敞开心扉，用真诚和热情去对待恋人时，才能收获更多的情感和快乐。

五、和谐夫妻，不用道理说事儿

婚姻，是人生漫长旅途中一段重要而美好的经历。在婚姻生活中，夫妻之间的沟通是非常最重要的。它会影响婚姻的质量，是我们感知幸福美满婚姻的重要因素。

夫妻中口才的运用和其他人际关系中口才的使用不同，它有时反而是"不讲道理"的，因为夫妻之间的很多问题并不能用道理来解决。

良好的沟通犹如基石，为婚姻的稳固与幸福奠定了坚实的基础，该如何打好这个基础呢？

（一）了解沟通在夫妻生活中的重要性

良好的沟通是夫妻之间建立深厚情感链接的桥梁。当双方能够真诚、坦率地交流内心的想法、感受和需求时，彼此的心灵会更加贴近，从而加深相互的理解和信任。

童志从小生活比较贫苦，他下面还有年幼的弟弟妹妹。但是童志学习很努力，长大后也有了一份稳定的工作。妻子从小生活非常优渥，也没有兄弟姐妹。

童志因为小时候的经历，不想自己的弟弟妹妹也和自己一样。他会在自己的工资里拿出来一部分给弟弟妹妹用。妻子对此不理解，她私下跟父母说："我和他结婚是不公平的，我全部的工资都用在了家庭上，有时咱们家也帮衬一些。可是童志就不行，他只能拿出来一部分给家庭用。"

妻子的父母是个明白事理的人，他们说："总体来讲童志是个不错的孩子，他对你和孩子都非常好。你们生活在一起不能只看物质上谁付出的多谁付出的少，因为生活没有那么多绝对的对与错。童志的钱给了自己的弟弟妹妹，总比胡乱花掉要强吧？"

妻子想了想也是。自己是生在了富裕的家庭，又没有兄弟姐妹。一个人的出身是没有办法改变的，但是童志不抱怨，仍旧积极地生活，还帮衬家里和弟弟妹妹，这是一种不忘本的爱，自己的丈夫是有责任心的。这点在结婚前，大家也都是坦诚相待的。

想到这里，妻子对童志说："要不要我每个月也给你弟弟妹妹一些钱？"

童志连忙禁止："你不用。他们是我的家人，你没有责任和义务这么做。"妻子听了觉得童志说的也有道理，但是自己也该表示些什么。于是便经常买一些衣物给他的家人。童志对此看在眼里，记在心里，对妻子也更贴心了。

每个人都是独立的个体，有着独特的思维方式和情感体验。在婚姻中，夫妻双方来自不同的家庭背景、成长环境，经历着各自的生活经历，这些差异可能导致对事物的看法和处理方式有所不同。通过良好的沟通，能够让彼此更加了解对方的观点和立场，减少误解和冲突的发生。

（二）信任是婚姻的基石，是建立良好沟通的关键

当夫妻之间能够坦诚地分享自己的经历、想法和感受，并且能够认真倾听对方的回应时，双方都会感到被尊重和重视，从而增强对对方的信任。

张先生和刘女士在婚姻中经常因为一些小事发生争吵。比如，张先生喜欢在周末和朋友出去打球，而刘女士希望他能多陪陪自己和孩子。由于双方没有进行有效的沟通，每次都会因为这个问题闹得不愉快。

后来，他们意识到了问题的严重性，决定坐下来好好谈一谈。

张先生向刘女士解释："我平时工作太辛苦，我一直觉得我在事业上努力拼搏是为了给家庭提供更好的物质条件，所以我要把自己身体调整好。如果我不能有健康的身体，我就不能好好工作，为这个家赚更多的钱。"

刘女士听了张先生的话，也表达了自己的想法："我觉得一个家庭，需要更多的温馨，孩子需要父母的陪伴，而不仅仅是妈妈。你平时工作很忙，需要放松我能理解，但是你能不能抽出时间陪陪孩子，创造点家庭的温暖。毕竟一个家，不仅需要物质财富，还要有精神财富。"

经过这次深入的沟通，双方达成了共识，制订了一个合理的周末安排，生活变得更加幸福美满。

生活中的各种夫妻问题和矛盾，如果都能像案例中这样，双方能够坐下来心平气和地交流，就能够明白彼此的真正需求，从而找到一个平衡的方式来满足双方的期望。

1. 一定要及时沟通和分享。

比如，一方在工作中遇到了挫折，如果能够及时与另一方沟通，分享自己的困惑和压力，而另一方能够给予支持和鼓励，那么在这个过程中，双方的信任就会进一步加深。

2. 正视矛盾，不冷战。

在婚姻生活中，矛盾和冲突是不可避免的，但如何处理这些矛盾和冲突，决定了婚姻的走向。良好的沟通能够让夫妻双方在面对矛盾时，以理性的态度共同探讨问题的根源，寻求解决方案，而不是一味地争吵和冷战。

3. 财务计划要一起制订。

假设夫妻因为家庭财务问题产生分歧，通过良好的沟通，双方可以分析家庭的收支情况，制订合理的预算计划，从而化解矛盾，避免因为金钱问题影响夫妻感情。

六、面对客户，用情理打动对方

在我们的工作中，难免要和不同的客户打交道。打动客户对我们工作的进展有很大的帮助。但是不同的客户有着不同的性格，他们不一定都肯配合我们，如此该怎么做才好呢？

（一）了解对方，把握对方的特点，有针对性地沟通

一位出版社编辑想邀请某位作家为自己撰稿，在邀请之前就听其他人讲起，说这位作家脾气非常古怪，很多编辑都吃了闭门羹。他并不想放弃，正因为难，才要挑战，这样才更有成就感。

这天他邀请了这位作家，一见面他就碰壁了。这位作家果真是一个很难捉摸的人，他们说不到一块。这让编辑很紧张，这下更加语无

伦次了，最后自然是被作家拒绝，空手而归。

怎么办呢？回到办公室后，编辑开始思考自己做得不对的地方。首先，自己只是听说这位作家难以沟通，却没有下功夫分析"如何难以沟通"这一点，甚至都没有了解自己要讲什么内容才能引起对方的注意。于是，这位编辑开始收集这位作家出版的作品，仔细研读起来。通过对作品的了解，他知道这位作家的写作特点，同时一些杂志上也有这位作家的介绍，可以了解到这位作家的喜好和动态。在看到这位作家有部作品要被翻译成英文在国外出版时，他很激动。于是他又一次邀请了这位作家，一见面他便说："再次邀请您是因为最近读了不少您的书，同时知道您有一部书要出海外版了。"果真，这句话打开来作家的话题："这也是我最近担心的事情，翻译成英文会不会风格有所改变。我在寻找好的翻译者，不知道你有没有推荐的人？"

编辑立刻说："我就是英语专业的，也熟悉国内的作品特点，您的很多作品我都读过，我觉得我可以胜任。"

就这样，在和谐融洽的氛围中，编辑收获了作家的心，作家也找到了好的翻译者，成为了一对好搭档！

可见，在和客户的沟通中，除了与客户打招呼时要注意热情、目光和笑容，以建立积极的互动之外，提前做好功课，了解对方也是非常重要的事！

（二）寻找安全值最大的话题，避免陷入谈话雷区

哪些是安全值最大的话题呢？比如简单、清楚、自信地介绍自己，加深客户的印象；比如简洁、创意、坦诚地介绍产品，满足客户的需求；

再比如用专业化、解疑答惑、造梦等方式，以促进成交。

一位女儿向父亲抱怨现在的客户真是太难搞定了！父亲是一位厨师，听完抱怨后，他带女儿走进厨房。只见他拿出三口锅，分别向锅里放了胡萝卜、鸡蛋和碾成粉末的咖啡豆，然后加入水开始煮。

女儿不耐烦地等着，心想："您也不回答我的问题，这是干什么呢？"

大约 30 分钟过去了，父亲把火关了，拿出三只碗。只见他将胡萝卜放入一只碗中，鸡蛋放入第二只碗中，咖啡倒入第三只碗中，让女儿看看都有什么变化。

女儿靠近胡萝卜，用手摸了摸，胡萝卜变得软软的。父亲又将鸡蛋打破，取出煮熟的鸡蛋给女儿吃了，然后递过去煮好的咖啡。女儿喝下香浓的咖啡，问父亲："您想表达什么？"

父亲说："这三种物品面临同样一个逆境，就是煮沸腾的水。胡萝卜入水前是强壮的，结实的，入水后变弱了、软了；鸡蛋原来是很容易破的，外面薄薄的壳保护着里面液体的蛋液，但是经过水煮后变硬了；粉状咖啡豆很独特，它反而将水改变了，变成浓郁香醇的咖啡了。你觉得你遇到问题后，是要做胡萝卜、鸡蛋，还是咖啡呢？"

女儿瞬间明白了，她说："我知道该怎么做了。"

和客户沟通首先要明确目的、准备相关资料，确保沟通顺畅。然后认真倾听客户的谈话，了解对方需求和意见。同时，还要学会换位思考，从客户的角度考虑问题，调整沟通方式；不夸大事实，真诚对待客户；避免使用行业术语，用简单易懂的语言沟通。

七、与同事友好，用同频息息相关

所谓同事，就是一起工作的人。因为在一起工作，所以会面临同样的环境，很容易形成同频。同频就会有很多一样的经历，大家会形成一定的共识。和同事搞好关系，最重要的一点就是学会用这些同频信息。

（一）和同事用感情说话，而不是尖刻和不屑

在与同事沟通时，要晓之以理、动之以情，避免使用不屑的眼神和尖刻的言辞，这样容易引起反感。

红霞和林斌在同一个单位上班，红霞回家途经林斌家。这天，林斌对红霞说："你下班能不能顺路把我捎回去？"红霞爽快地答应了。

可是后来红霞发现，林斌竟然养成了习惯，每天下班都让她送回家。红霞觉得很不方便，有时自己下班想做点别的，就会想到还有同事。再说，这位同事是位男士，多少有点不方便。红霞一时不知道如何解决这个问题，很是苦恼，一到下班时间就万分难受。

这天下班，红霞的另一位同事冬梅喊红霞："下班我们一起去逛个街吧？"红霞一听，这倒可以拒绝林斌搭乘，便同意了。逛街时，红霞对冬梅讲了这件事，冬梅说："这还不简单，你就对他说，以后不能坐我车了，我男朋友有意见，跟我吵架了。"

红霞按照冬梅的方法试了，她首先保持平和的态度，认真地对对方说："林斌，我也想带你，可是我男朋友很介意这件事，我们刚开始谈，我也不好说什么。要不你看？"林斌赶紧接过去说："嘿，多

大点事，我以后不坐你车了，我自己想办法，你放心吧。"红霞说："如果天气不好，你实在不好走，我也可以帮你，不过不能每天，真是太不好意思了。"

和同事之间的沟通，要保持平和的态度，不要急于求成。对方滔滔不绝或多有冲撞时，要心平气和地表达自己的意见。也可以使用微笑和眼神与对方交流，这样可以增加亲近感，让你的拒绝也变得有人情味起来。

（二）涉及个人是非时，要学会保持中立，不轻易发表意见

在和同事沟通中，要注意在涉及个人是非时保持中立，不要轻易发表意见。

和同事聊天可以多谈一些大家关心的新闻、交通、房价等话题，可以增进交流。保持真诚相见、互相合作的原则，建立起彼此之间的信任感。

这天，单位可热闹了。同事们在相互传递消息："大家知道吗，小丁昨天去夜总会被逮住了，他对象都知道了。""哎呀，这种事儿，真不知道他怎么面对？""咳，我们怎么有这么个不知检点的同事啊！"

你走进单位，立刻有这么多消息向你飞来。你一定要保持冷静，不要和大家一起议论纷纷。这个时候，一点都不插嘴也是不好的，有人的地方就有是非，所谓水至清则无鱼，人至察则无徒。

当你的同事们在聊八卦时，你要学会巧妙地保持中立，适当地附和几句："是么？"对于没有弄清楚的事情千万不要发表明确的意见，总之，要学会"参与但不掺和"。

好口才，也需要正确的判断。和同事之间的相处要看长远，有些事情我们并不知道全部的事实真相，所以不轻易参言是比较明智的选择。

（三）从细节入手，获得和同事友好沟通的条件

和同事相处，要学会从细节入手，比如：

1. 学会赞美对方，从对方身上学到优点；倾听对方的意见，表现出尊重和理解；在交流重要事项时，确保表达清晰明了。

2. 通过反问引导他人思考，增加互动性；工作中遇到问题要冷静处理，不要与同事吵架。

3. 需要证明自己的观点时，不要太敏感，保持开放的心态，勇敢地表达自己的意见；要用数据支持自己的观点，增加说服力。

4. 在交流中寻找共同点和联系，避免执着于自己的观点。

5. 不要跟同事吐槽工作中的事，也不要让同事知道自己的私事。

6. 财和才都不要外露，避免引起不必要的麻烦。

第六章
好口才也要找到好时机

同样的话，在不同的场合和时机下所表达出来的效果是不一样的。好口才的人往往最懂得寻找一个好的时机将自己要说的话表达出来。就算反击，也要让对方心悦诚服；就算被羞辱，也要在恰当时机扳过来。

一、准备反击，踩好反击点

被诬陷或者需要反击的时候，好口才如何发挥出来呢？在一些无关紧要的事情上，我们不要受到思维模式的局限，非要对方认同我们，或者说服对方，但是在面临原则性问题或个人利益受到侵害时，就需要用力反击。如何踩好反击点，反击回去呢？

（一）用事实和结果反击

有人曾经说过："被误解是表达者的宿命。"

如果你想通过主观言论去反击别人，那么你就会有被误解的风险，但事实是客观的，无论对方在心里有多么不想承认，在铁一般的事实面前，也无言以辩。

意大利诗人但丁有一次出席威尼斯执政官举行的宴会，意大利各城邦使节都得到一条条肥大的煎鱼，但丁却只有几条很小很小的鱼。但丁用手把盘子里的小鱼一条条拿起来，凑近自己的耳朵听，好像听见了什么，然后再逐一放回盘子里。

执政官很奇怪，问："你这是在做什么？"

但丁大声说道："几年前，我的一位朋友逝世，举行的是海葬，不知他的遗体是否已埋入海底，我就挨个问这些小鱼，看它们知不知道情况。"

执政官问："小鱼说些什么？"。

但丁说："它们对我说，它们都还很幼小，不知道过去的事情，让我向同桌的大鱼们打听一下。"

但丁话音刚落，执政官便哈哈大笑起来，吩咐侍者马上给但丁端一条最大的煎鱼来。

有时候想要说服一个人，是一件非常困难的事情，因为他受到自己的思维模式的局限，无法体会到你的想法，也无法认同你的观点。案例中的但丁没有选择当场反击，而是用这么一个巧妙的方法扭转局面，有效又风趣。眼前的事实摆在眼前，还用多说吗？

我们可以求同存异，先把争论放到一边，不要因为他的反对而阻碍了你自己原本的进程。你最重要的并不是战胜你的反对者，而是做好你原本想要做的事情。现实生活中也是如此，假如你不会用这么有趣的方法，那么踏踏实实把事情做好，用完美的成果来向别人证明远比华丽的辞藻更有用。

（二）逆向思维，让对手闭嘴

人的精力是有限的，永远不要把你的精力投入到无谓的纷争中去。想要反击别人，并不是在于你让对方哑口无言，也不是要比别人的声音大。有时，就用对方说你的话去反击他，反而会收到意想不到的效果。

北宋文豪苏轼任杭州通判时，辽使故意用生僻字刁难："'三光日月星'乃我国绝对，南朝可有人能对？"苏轼执笔疾书："四诗风雅颂。"见辽使愕然，又指窗外暴雨补道："一阵风雷雨，亦可成对。"辽使仍欲纠缠："我出'三光'是数字接实物，阁下用'四诗'投机取巧。"苏轼笑道："《诗经》本有'大雅''小雅'，合称'雅'为一，故谓四诗——贵使熟读汉典，怎会不知？"辽使顿时面红耳赤，此后再不敢以文挑衅。

逆向思维的精髓，在于将对方的逻辑化为己用。苏轼不拆解挑衅，而是用对手预设的框架重构答案，既守住了文化尊严，又让发难者自陷困局。真正的智慧反击，永远是用对方砌的墙，筑自己的城。

（三）用幽默来反击

幽默式反击的攻击力没有那么强，却能一语中的。

有一位作家在公园散步，当他走在一条仅容一人通过的小径上时，迎面走来了一个曾经把他的所有作品都贬得一文不值的文学批评家。

只见那位批评家站在作家的对面，胸膛朝前一挺，傲慢地说："我是绝不会给一个傻子让路的！"

作家觉得眼前的一切非常有趣，他把头一点，微笑着说："我正好和您相反，先生，请吧。"作家说完站到了一边。顿时，那位批评家满脸通红，羞得无地自容。

如果生活无法一团和气，反击也便成了势在必行。踩好反击点，寻找到合适的反击方法便成了口才较量的关键。

二、切入正题，组织好语言

生活中总有一些人比较顽固，用自己过去的经历或者固有的思维去办事。我们需要切入正题和对方沟通，这个时候该如何组织好语言让对方接受呢？

（一）寻找与交际话题具有类比意义的事物

如果这件事说不通，不如寻找一个和交际话题有类比意义的事物，两者比较，语义明晰，更有利于对方接受。

郑板桥是清代"扬州八怪"的代表人物。

据说，郑板桥早年家境贫寒，一年除夕赊了一只猪头，刚下锅，又被屠户要回去转手卖了高价。为此，他一直记恨在心。

后来，郑板桥到山东范县做官，还特别规定杀猪的不准卖猪头，自己吃也要交税，以示对屠户的惩罚。

郑板桥的夫人听说后，觉得这件事这么处理不妥当，但是一时又没有找到好的方法来沟通。

这天，郑板桥的夫人听到老鼠吱吱叫，便来了主意。她捉到一只老鼠吊在房里。夜里老鼠不住地挣扎，郑板桥一宿没睡好觉。为此，郑板桥抱怨道："你也太神叨了，抓到老鼠吊在屋子做什么？弄得我都睡不好觉了。"

夫人听了，笑着说："你不知道，我小时候好不容易做了件新衣裳，结果被可恶的老鼠啃坏了。"

郑板桥听了哈哈大笑起来，说："你的老家在兴化吧？兴化的老鼠啃坏了你的衣裳，又不是山东的，你恨它是何道理？"

夫人赶紧切入正题，说："我这不是和你一样吗？你不是也恨范县的杀猪的吗？"

郑板桥恍然大悟，立刻明白了夫人的用意。他感恩夫人的及时提醒，没有让自己继续错下去，为此还作诗一首："贤内忠言实难求，板桥做事理不周。屠夫势利虽可恶，为官不应记私仇。"

瞧，故事中的郑板桥夫人通过两个事件的类比，巧妙地指出了郑板桥的问题。这其中的智慧怎一个"妙"字了得！

（二）组织语言的细节在清晰

在说话之前明确自己的表达意图，帮助自己更清晰地组织语言，避免偏离主题。而清晰的语言表达，就要用词简单明了，内容组织有条理，少用复杂高深的词汇；发音要清晰，根据场合调整音量，重要的内容可以稍微放慢语速，注意语调的变化。

有一篇演讲稿是这样开头的：

什么叫习惯呢？

先请同学们听一个小事。在印度和泰国随处可见这样的场景：一根小小的柱子，一截细细的链子，拴得住一头几吨重的大象。那些驯象人，在大象还是小象的时候，就用一条铁链把它绑在水泥柱或钢柱上，无论小象怎么挣都无法挣脱。小象渐渐习惯了，不再挣扎，直到长成了大象，在可以轻而易举地挣脱链子时，它们也没有这样做。小象是被链子绑住，而大象则是被习惯绑住。

什么是习惯呢？通过这个故事我们很清晰地感受到了，并对"习惯"有了全新的认识。习惯是一种顽强而巨大的力量，它可以主宰人的一生，因此，我们从幼年起就应该通过教育培养自己良好的习惯。

案例中，演讲者在说话前已经建立了一个思维导图，逐层分解，帮助逻辑表述，通过不同的方式重复重要信息，帮助听众建立记忆。

（三）用实物开讲，用事实说话

用实物开讲、事实说话的方式，可以帮助我们节省很多想表达的内容，也让听众更容易理解。

一位演讲者是这样开头的：

大家好！先请大家欣赏两幅画：这一幅是清朝宫廷画师郎世宁的《八骏图》，这一幅是徐悲鸿的《群马图》……

演讲的价值和意义，集中体现在演讲的主要组成部分，即演讲主体中。演讲的主体至少应该包括独到的见解、真挚的情感和典型的事实。这样的开场，不但使大家欣赏到了名家作品，大饱了眼福，更令大家迫切地想知道，演讲者接下来到底要说些什么。

演讲者要有自己的真知灼见，要能讲出别人想讲而未讲或根本没有想到的，却对做人做事很有启发意义的道理，这样才能启迪人心、使人感佩。演讲最忌讳人云亦云、老生常谈。

"事实胜于雄辩"，因为人的大脑对外界种种信息的接受，总是具体的易于抽象的、感性的易于理性的。事实具有直接现实性的特点，它能够以自己活生生的形象直接打动听众，浅显易懂地体现和证明深奥的道理，无须听众多费脑筋去思考、消化、转换。

因此，事实和道理是演讲主体部分相辅相成的两个方面，共同分担着说服和感染听众的任务。

三、进言献策，如何找到好时机

建言献策时机的选择，对于提高建言的质量和效果至关重要。工作中，我们常遇到公司要做选题和计划等汇报，这个时候我们总是提前很长时间谋划大会发言的讲稿，避免临时抱佛脚，确保发言内容具有代表性和质量。有些时候还需要通过深入基层调研，掌握大量第一手资料，提出切实可行的意见和建议，形成高质量的大会发言。

可见，提案要适当超前，但不能过度超前，也不应提议已经解决或推进顺利的事项。这种对时机的把握是非常重要的，这个过程可以让我们在会上通过精心准备的发言，抓住领导和群众的关注焦点，提出可行的建议，获得很好的效果。

无论生活还是工作中，人人难免都会犯错误，对于别人的错误也要适当给予忠告。那么，进言献策，应该如何找到好时机呢？

（一）你的好心要让对方知道

当发现别人已经存在的一些问题，或者可能要发生的问题时，出于好心或责任等，需要给别人一些谏言或者忠告。本身的出发点是好的，这是为了对方考虑，但好心也要对方知道，所以在给别人谏言时，要坦明这一点。

小张老师发现班里一个孩子很容易被欺负。在教育了那些欺负他的同学后，老师又和被欺负的孩子家长进行了沟通。首先他肯定了这个孩子很善良和优秀，但是同时也指出："善良有度，面对问题不能退缩，要学会勇敢地解决。"

孩子的家长对老师的话很认同，同时提出一个问题："我家孩子天生就长得弱小一些，让他变勇敢好像挺困难的。"小张老师想了想，建议让孩子学跆拳道，并告诉他："后面我会安排好一切。"

后来，小张老师在班里举办了一个跆拳道展示。先找几个身强力壮的人，当着孩子们的面将一块木板劈开，然后安排这个孩子将这几个人打倒。效果真是出乎意料地好，那几个爱欺负人的孩子瞬间被吓住了，从此再也不敢欺负这个孩子了。

试想，如果案例中的老师不寻找时机，直接对家长说："是你家孩子太弱小了，才容易被欺负！"家长心里是什么滋味？弱小是客观存在，改变不了的现实，难道就因为这个，被欺负就成为理所当然吗？

如此，进言献策必须谨言谨行，不可疏忽大意，否则很有可能惹怒对方或得到不好的结果。如果连同策略一起给到对方，则能让对方感知你的讲话态度、你的真诚，会觉得你是真的在为他考虑。

（二）不在别人遇到困难的时候，说过于刺激的话

给别人谏言或者忠告的时候，也要选择适当的时机，如果不注重时机，也可能会引发一些不好的结果。尤其是别人遇到困难的时候，

千万不要说一些过于刺激的话。

林凡最近在做一些工作或项目的时候，有的并不是很容易完成，需要协调其他部门人员，整个流程下来相当艰巨，往往弄得他身心疲惫。

可是领导似乎对他并不满意，还经常说他，比如：

"你真是笨啊，怎么还没完成啊？"

"这么容易的事，要弄多久啊？"

这些话让林凡心里很不舒服，甚至产生了逆反和抗拒心理，他真想撂挑子不干了！

事实上，这位领导只是想通过自己的语言提醒，让林凡看到自己工作中的问题和不足，从而予以改进，只是他用错了方法。这个时候千万不能用这样的话，坐下来心平气和地解决问题反而更利于对方接受。

（三）在给别人提出忠告的过程中就事论事，千万不要比较

在给别人提出忠告的过程中，不要这事与那事、这人与那人地比较，这种比较往往没有任何好的作用，反而更容易伤害到对方的自尊心。

妻子是自由职业，她随心所欲惯了，忙起来顾不上其他，在丈夫眼里就是整天不修篇幅。丈夫想让妻子有所改变。

这天，丈夫对妻子说："你看看你这一天不出门，头也不洗，你看看隔壁小王，也不学学人家。"

妻子一听就恼了："我每天在家忙里忙外，你还嫌弃我了？你怎

么不学学人家的丈夫，看看人家赚多少钱，你有钱我还能这样宅在家里省钱吗？"

丈夫忙解释："不是嫌弃，是建议。"

这个时候妻子已经听不进一句话了。假如丈夫不用比较的方法来说，而是给予她温馨的关怀，比如："你这一天忙到晚真是太辛苦了，平时要多爱自己一点啊，咱不心疼钱，你想买啥就买，给自己收拾得漂漂亮亮，人也有精神头！"如此，是不是就好很多？

可见，不管是工作中还是生活中的进言献策，都需要我们找到好的时机，恰到好处地表达出来，才能达成我们想要的效果。

四、直言不讳，看好时机再说

言辞间蕴含着力量，这股力量如同战场上的激昂号角，引领我们迈向胜利的曙光。看似一场言语的交锋，实则促进了两个心灵深处的交流，这是迅速了解对方的捷径。聪明的人会把握良机使用这个方法，同时也会给自己巧妙铺陈退路，确保双方都能在这场心灵的对话中收获尊重。

（一）不当场反驳，留出思考时间给彼此

职场上，我们经常遇到被刁难的时候。鉴于对方是自己的领导或者上级，我们不能也不好当时就反驳。但是这些问题还是需要解决的，这就考验我们沟通的技巧了——给自己留出思考的余地，然后选择合适的时间和场合，以直言不讳的方式表达自己的观点和立场。

乾隆年间有位才子叫纪晓岚，不仅学识渊博，而且非常机智聪慧。

这一天皇帝突发奇想，想试试纪晓岚的聪慧到底到了如何程度，便叫他过来，问："用你的学识给我讲讲，什么是忠孝？"纪晓岚没有弄清楚皇帝为何问这个问题，又不敢怠慢，便一本正经地回答："君叫臣死，臣不得不死，是为忠。父叫子亡，子不得不亡，是为孝。将二者结合在一起，便为忠孝。"

皇帝听后故意为难他，说："这样的话，朕今天就给你一个机会，让你尽忠，赐你一死，你看如何？"

纪晓岚有点摸不着头脑，就这样去赴死？可是自己刚刚说过"君叫臣死，臣不得不死，是为忠"。纪晓岚感到自己无话反驳，只好谢恩离去。

看到纪晓岚被难住了，皇帝很得意，心想：我看你怎么化解？

不到一个时辰，纪晓岚竟气喘吁吁地跑回来了。皇帝大怒："你为何不去尽忠？"

只见纪晓岚喘着气说："回禀皇上，臣领旨后去河边寻死，却不想遇到了屈原。"

"屈原？这跟屈原什么关系？"皇帝不解。

"屈原问我为什么投河，我便将皇上的旨意告诉了他。结果……"纪晓岚欲言又止。

"结果如何？"皇帝问。

"屈原说，当初因为楚怀王是一个昏君，他不得已才投江。可是当今的皇帝是一个圣君啊，怎么可能会让我投河？我一想也是啊，如果我投河了，不是给皇帝您留下骂名吗？那我不如回来，问问您，看看您是愿意背上骂名让我投河呢，还是您当时就是跟我开个玩笑呢？"

听了纪晓岚的话，皇帝哈哈大笑起来，真不愧是纪晓岚啊！他早就知道他能脱险，没有想到竟然用这个方式。

故事中纪晓岚并没有当场反驳皇帝，而是给彼此都留出空间思考，将时间计算得恰到好处后，用自己的方式为自己化解，不得不佩服他的好口才！

（二）面对尴尬，坦诚应对

人和人是不一样的，有些人在大场合能够侃侃而谈，而有些人会怯场，不知道如何是好。这个时候选择尴尬离场，还是坦诚应对呢？

孟力是一位优秀的保健医生，同时也是一位网球爱好者。这一天，他接受一位朋友的邀请去参加一个网球俱乐部活动。活动上，他私下和这位朋友聊得很投机，心情正美。突然，朋友登上台，大声说："大家知道吗？我身边坐着一位优秀的、专业的保健医生，大家如果有什么健康类的问题，欢迎来咨询。"

瞬间，一个好好的活动似乎要变成健康咨询会了。孟力怎么也没想到朋友会在这个时候将自己抛出来，之前是没有任何准备的。他觉得有些尴尬，不知道该说什么，于是想起身离开。

这时，一位同行的朋友看出了孟力的尴尬，他拉住孟力站起来大声说："朋友们，咱们好好的网球俱乐部不要变成健康保健咨询啊，我看咱们还是另外找个时机吧！"

孟力听了连连点头，说："今天真是没有做任何准备，抱歉了。"

那位朋友顿时也反应过来，自己的行为确实十分冒昧，便不再强求。

案例中第一个朋友没有看好时机，让孟力陷入尴尬的境地，而第二个朋友则在恰当的时机为孟力找到了台阶。

直言不讳在恰到好处的时机里才能发挥出最好的效果，如此，对于时机的把握就变得非常重要了。

五、面对羞辱，适时扭转乾坤

想保持情绪稳定很难，很多时候我们的情绪很容易受到影响。比如面对羞辱的时候，我们多半不能保持冷静的态度，甚至着急之下会做出一些不利于我们自己的事情。明明有理，却弄得一身污。这种情况该如何去做呢？

面对他人的羞辱和挑衅，要保持冷静、淡定，不要被情绪左右。可以运用多种策略进行巧妙回击，如淡定回应、拉对方下水、降维打击等，让对方自取其辱。这些方法都能展示我们的自信和力量，让对方知道我们不是好欺负的。

记住一点：你不生气，生气的就是他。只要不生气，便有机会适时扭转乾坤！

（一）记住两个字：淡定

面对羞辱，一定要保持淡定。当然，淡定并不是示弱，不是所有的退一步都能换来海阔天空，一味地低头示弱只会让对方更加刁难你、欺负你。

很多时候别人羞辱你就是想让你愤怒、失态，你反应越激烈，小人就会越开心。这个时候，"淡定"是你的致胜法宝。

一诺的耳朵上有个小肉锥，其实谈不上缺陷，反而还有人说这是能拴住钱财的"富贵桩"。

自幼和一诺一起长大的静妍却一直喜欢拿这个小肉锥说事。这天，她又和同事说一诺的小肉锥，说："这一诺最在意自己的小肉锥了，觉得跟个宝贝似的，其实就是缺陷啊，大多数人都没有长啊，有什么好自豪的，真不知道她怎么想的，啧啧……"

一诺微笑着死死地盯着对方。等对方说完，一诺就直接回怼道："我知道你今天心情不好，要是你觉得这样说开心一点，那你就多说点，没关系，你继续。"

静妍一愣，同事也打趣说："每个人都有自己不足的地方，你不能揪着人家一直说，这样不好。"

静妍想跟同事解释，但是她知道不管她怎么解释，都甩不掉情绪化和小心眼子的帽子，瞬间让自己成为众人眼里的笑话。

可见，保持冷静和淡定有多重要。面对他人的羞辱和挑衅，我们很容易被情绪左右，然而，保持冷静和淡定，就能给自己一个机会去反击对方。

（二）轻轻地接过来，再狠狠地打回去

如何做到"轻轻地接过来，再狠狠地打回去"呢？简单来说就是对方羞辱你，你就让他自取其辱。

《父母爱情》中的德华和嫂子的对话堪称一绝。

嫂子说："洗洗手吃饭。"

德华回："洗什么手？我的手也不脏！"

嫂子说："你咋这么笨呢？这么简单的事你都不会。"

德华回："哎呀，我也奇怪了，我平时都不这样，咋一跟你说话就智商下线了，哎呀，看来以后得跟你保持距离。"

此时的德华刚从乡下来到城市，和嫂子格格不入，嫂子的话他都当作羞辱，立刻就会回怼。随着生活的逐步深入，德华很多时候也就变成了嫂子。这是一个潜移默化的过程。

工作中，或许有人阴阳怪气地对你说："你的工作能力在公司排倒数了，得加把劲啊！"你可以这么回："没事，工作倒数还能加油赶上去，人品倒数就没办法挽救了。"

当他人羞辱我们时，立刻反击回去，会让对方觉得你不是好欺负的！

（三）学会用总结和遗憾的语气来回击

我们可以通过巧妙的回击来保护自己，这并不意味着我们胆小怕事，而是智慧和策略的回击更能一针见血，还能让对方感到自己的羞辱毫无力量和价值。

小于最近发现有人当众说自己坏话，她总结说："对人性的理解越深刻，越能理解这个世界的复杂性。哎，你编排我，不能说明你心眼坏，只能说明你是在嫉妒我。我能理解你此时此刻的心情，但我也无能为力。"

小于这种恨铁不成钢的态度恰是对对方最有利的回击，潜台词就是"你也太幼稚了"！

余光中有一句名言：别人天天骂你，证明他生活里不能没有你，而你不搭理他，证明你的生活可以没有他。

在面对他人的羞辱和挑衅时，我们应该展示自信和力量。这可以通过坚定的眼神、自信的姿态和有力的语言来表达。我们应该让对方知道我们不是好欺负的，而且我们有足够的实力和勇气来应对他们的攻击。

六、考虑细节，斟酌再说

古人说："泰山不让土壤，故能成其大；河海不择细流，故能就其深。"说的就是细节的问题。

"差之毫厘，谬以千里"，好口才中的细节有很多，仔细观察，用心揣摩，总有惊奇的发现。口才的细节中可以看出一个人的修养，而修养往往成为决定一个人能否长远发展的关键因素。

如何在口才的交流中看到细节呢？

（一）让对方难堪的事情不做

生活不是江湖，拥有不让人难堪的教养比直来直往的真性情更难。而做好这一点，只需要我们设身体会便能感知。

一位教授谈及自己的一次经历：

有一次，他正在学校里上厕所，一个二十四五岁仪表堂堂的青年研究生，突然跑过来站在他后面大声说："您是不是李教授？我很佩服您的学术理论，您的作品我都读过，我想要跟您照个相。"

李教授说："你们不知道我当时有多尴尬，因为那个时候我正在上厕所！"

是啊，那位青年如果稍稍换位思考一下，也不至于选择这个时机要求和李教授拍照吧？

身边有太多这样的人了，他们先入为主，毫不顾忌当事人的感受。与人相处，最基本的礼仪就是不让人感到难堪。

（二）给对方留有余地也是给自己留后路

古希腊神话里有这样一个传说：太阳神阿波罗的儿子法厄同驾起装饰豪华的太阳车横冲直撞，恣意驰骋。当他来到一处悬崖峭壁时，恰好与月亮车相遇。

月亮车正欲掉头退回时，法厄同倚仗太阳车辕粗力大的优势，一直逼到月亮车的尾部，不给对方留下一点回旋的余地。

正当法厄同看着难以自保的月亮车幸灾乐祸时，他自己的太阳车也走到了绝路上，连掉转车头的余地都没有了。向前进一步是危险，向后退一步是灾难，他终于来不及停下，葬身火海。

这个神话故事告诉我们做事情要留有后路。说话也是如此，口才中的细节让我们要留有余地，是为了容纳这些意外，以免堵了自己的路。

宝路和静楠是邻居，也是同学，他们从小一起长大。这一天宝路在学校被同学欺负，宝路的妈妈来到静楠家了解情况。

"咱们都是邻居，又一起长大，可不能看着孩子被别人欺负，所以我需要向静楠了解下情况，到底是什么原因。"宝路的妈妈跟静楠的妈妈商量。

可是静楠的妈妈害怕孩子说了实话会被报复，便推脱了："这件事情和静楠没有关系，静楠说那会儿她趴在桌子上睡着了，什么也没有看见。"

一个星期后，静楠也遇到了宝路的情况，静楠妈妈想找宝路帮忙，可是一想自己先前的态度，便不好意思前往了。

有些事情一旦被情绪包裹，就好像门锁生锈，外面的进不来，里面的也打不开。懂得留有余地，不仅可以控制好自己的情绪，也能让自己更游刃有余地应对一些事件的突然发生。无论境况多么糟糕，你应该努力去支配你的环境，把自己从黑暗中拯救出来。

（三）谨慎许诺，信守诺言

著名作家巴尔扎克说过这样一句话："如果你想成为一个有出息的人，那就把诺言视为第二宗教，遵守诺言就像保卫荣誉一样重要。"

马克答应小张去他家吃饭，可是临时有事去不了，便发微信告诉他："我今天有点急事，就不过去吃饭了，等明天，明天我一定去。"

可是到了第二天，一位老同事说要来看马克，马克便又一次发短信给小张："不要意思，我又失言了……"

生活中，有些人在生活或工作上经常会出现这种情况，不能兑现自己说过的话，给对方留下恶劣的印象。这些小细节或许你根本不在意，谁还能没有点什么事情呢？可是你想过吗？这些都是你口才的障碍，说不定哪一天都会成为攻击的内容。如果你做不到，那就不要轻易承诺，许诺以后就一定要履行，这样才能让自己不失信于人。

白居易说待人接物之道，无非"以心度心，以身观身"。教养的最高境界，是让人舒服，而教养在口才中也是如此体现的。